日常・ビジネスに役立つ

中国語の30秒スピーチ

塚本慶一、井上俊治／著

研究社

まえがき

　日中国交回復から、はや40年の年月が経過しようとしています。この間、中国の対外開放と改革、とりわけ日中両国間の関係緊密化により、日中間の人的、物的往来は飛躍的に拡大し、2009年に中国は日本にとって輸出、輸入両面で米国を抑えて最大の貿易相手国となりました。

　外貨準備高世界第1位、GDP世界第2位と大きく躍進した中国との経済、文化交流が活発化し、私たちの日常生活、実ビジネス面でも既に中国なしでは成り立たない段階まで来ています。その中で、中国の人と通訳を介さず中国語で直接話をする機会はますます増加しています。

　本書では、中国語の基礎を身につけた学習者が、職場や学校およびプライベートの場面において、人前である程度まとまった内容を話せる表現力をつけるための学習書として、また、実際に現地に赴任する駐在員、留学生がスピーチをするためのサンプル集として書きあげました。自己紹介に始まり、着任・離任挨拶、プレゼンテーション、宴会でのスピーチ、会議での冒頭のことば、司会進行、お祝いやお礼のことば、ゴルフコンペでの挨拶に至るまで、日常生活、ビジネスのさまざまな場面で使える実用的な内容をふんだんに盛り込んであります。また本書の学習を通じて、話の組み立て方、冒頭の挨拶や結びのことば、よく使われる定型表現、成句・諺などについても学ぶことができます。

　なお、書名では「30秒」としていますが、本書に収録したスピーチ例は、短いもので20秒程度のものから最長でおよそ1分程度のものまで、スピーチのテーマによって色々です。まずはご自身の興味のあるテーマや、短くて覚えやすそうなところから、自由に学習を進めてみてください。

　ことばは「習うより慣れろ」です。例文はいずれも現場で常用されるシンプルなものばかりですので、付属CDで音声を聞き、何度も声に出すことにより身につけることができます。まったく中国語が初めての方でも、必要なフレーズのみ取り出して実際の場面で使ってみるのもよいでしょう。是非とも本書で取り上げたことばや表現を、単に中国語の知識として覚えるだけで

なく、現場で大きな声を出して実際に使いながら、自分のものにしていってください。
　最後に、本書の出版に際しご尽力いただきました古屋順子さん、研究社の鎌倉彩さんに深く感謝申し上げます。

2011 年　秋

塚本慶一
井上俊治

目　次

まえがき iii
本書の構成と使い方 ix
CDについて x

第1章 自己紹介と挨拶

1 自己紹介 2
- 1-1　名前の紹介 2
- 1-2　出身地の紹介 4
- 1-3　出身校の紹介 6
- 1-4　家族の紹介 9
- 1-5　趣味の紹介 12
- 1-6　仕事の紹介 15

2 入社／着任／就任 19
- 2-1　新入社員の挨拶 19
- 2-2　社内での着任挨拶 21
- 2-3　取引先への着任挨拶 24
- 2-4　留学生の挨拶 26
- 2-5　総経理就任挨拶 28
- 2-6　就職面接での自己アピール 31

3 離任／帰国／退職 33
- 3-1　社内での離任挨拶 33
- 3-2　取引先への離任挨拶 35
- 3-3　後任者の紹介 37
- 3-4　留学生の帰国挨拶 39
- 3-5　定年退職の挨拶 43
- 3-6　卒業の挨拶 45

第2章 プレゼンテーション／会議での司会とスピーチ

4 プレゼンテーション ... 48
- 4-1 始めに ... 48
- 4-2 グラフを使った説明 ... 50
- 4-3 最後に ... 52

5 社内定例会の司会とスピーチ ... 55
- 5-1 定例会冒頭の司会 ... 55
- 5-2 総経理挨拶 ... 58
- 5-3 経理部門報告 ... 61
- 5-4 人事部門報告 ... 64
- 5-5 定例会終了時の司会 ... 66

6 社内販売会議での司会とスピーチ ... 69
- 6-1 販売会議冒頭の司会 ... 69
- 6-2 販売会議での総経理挨拶 ... 72
- 6-3 休憩時の案内 ... 75
- 6-4 閉会時の司会 ... 77
- 6-5 閉会の挨拶 ... 80

第3章 企業訪問

7 会社訪問 ... 84
- 7-1 受入れ側の挨拶 ... 84
- 7-2 会社概要紹介 ... 87
- 7-3 業務内容紹介 ... 90
- 7-4 来訪者の謝意 ... 93
- 7-5 受入れ側の見送りのことば ... 96

8 工場訪問 ... 98
- 8-1 工場の概要紹介 ... 98
- 8-2 ショールームの紹介 ... 100

8-3	生産ラインの紹介	102
8-4	品質保証体制紹介	105
8-5	見学者の謝意	107

第4章 宴会／出迎え／見送り

9 宴会でのスピーチ … 110
- 9-1 主催者の歓迎挨拶 … 110
- 9-2 招待客のお礼挨拶 … 113
- 9-3 乾杯の音頭 … 115
- 9-4 主催者の閉会のことば … 117
- 9-5 招待客の謝意 … 119

10 宴会での司会進行 … 121
- 10-1 宴会開始時の司会 … 121
- 10-2 主な出席者の紹介 … 123
- 10-3 宴会終了時の司会 … 125
- 10-4 記念品贈呈 … 127

11 空港・ホテルでの送迎 … 129
- 11-1 空港での出迎え … 129
- 11-2 出迎えへの謝意 … 131
- 11-3 ホテルでの見送り … 133
- 11-4 見送りへの謝意 … 135

第5章 式典・イベントでの挨拶

12 結婚式／葬儀 … 138
- 12-1 結婚式での司会挨拶 … 138
- 12-2 結婚式でのお祝いのスピーチ … 141
- 12-3 新郎新婦のお礼のことば … 143
- 12-4 告別式におけるお悔やみのことば … 145

13 お祝い／イベント 147
13-1 大学合格祝い 147
13-2 就職決定祝い 149
13-3 ゴルフコンペ幹事挨拶 151
13-4 誕生パーティーでの挨拶（祝う側） 154
13-5 誕生パーティーでの挨拶（祝われる側） 156
13-6 出産のお祝い 158

コラム

"添麻煩"の誤訳 34
よく使われる諺 42
スピーチ・プレゼンの組み立て方 54
会議の名称いろいろ 57
数字の表現法 63
中国での宴会マナー 112
贈り物をするときの注意点 128
中国の結婚式 140

索引 160
中国行政区分地図 166
著者略歴 168

本書の構成と使い方

　各章では、テーマ別のスピーチサンプルを1課にひとつずつ収録しています。1課ごとのページ構成は次のとおりです。

① 中国語のスピーチ
② スピーチの日本語訳
③ 語注・解説（スピーチ中に出てくる語句や文法に関する解説など）
④ 関連表現（スピーチ中の表現と言い換えたり、スピーチに追加したりするための例文）

　またコラムでは、テーマに関連した情報や注意事項などをまとめて掲載しています。

ix

CDについて

　付属CDには、トラック番号、および各課の中国語スピーチ例の音声をナチュラルスピードで収録しています。繰り返し聴いて、自分でも口に出して練習してみてください。自然な発音ができるようになるためには、シャドーイングもぜひおすすめです。

［ナレーション］
于　立新　（1990年よりNHK国際放送局にてアナウンス、翻訳をつとめる。
　　　　　 2008年、NHKラジオ講座「まいにち中国語」に出演）

［CD収録時間］
46分52秒

第1章
自己紹介と挨拶

1 自己紹介

1-1 名前の紹介

自己紹介の始めは自分の名前の紹介から。自分の名前の漢字をどのように言えば相手に伝わるか考えましょう。

🔊 **Track 1**

大家好。
Dàjiā hǎo.

我叫北川博。姓北川，名博。
Wǒ jiào Běichuān Bó. Xìng Běichuān, míng Bó.

汉字是北京的北，四川的川，博士的博。
Hànzì shì Běijīng de běi, Sìchuān de chuān, bóshì de bó.

很高兴见到大家。以后请多关照。
Hěn gāoxìng jiàndào dàjiā. Yǐhòu qǐng duō guānzhào.

[日本語訳]

皆さんこんにちは。
私は北川博と申します。姓は北川、名前は博です。
漢字は北京の北、四川の川、博士の博です。
皆さんとお会いできてとても嬉しいです。これからよろしくお願いします。

語注・解説

大家好 dàjiā hǎo
「皆さんこんにちは」

▶ 複数の人への呼びかけの挨拶。スピーチの冒頭でよく使われる表現。改まった場では、"各位好 gèwèi hǎo" と言えばフォーマルなニュアンスとなる。

姓北川，名博 xìng Běichuān, míng Bó
「姓は北川、名前は博です」

▶ 日本人の名前になじみの薄い中国の人に対しては、姓と名を別々に伝えたほうがより親切。

北京的北，四川的川 Běijīng de běi, Sìchuān de chuān
「北京の北、四川の川」

▶ 自分の名前を相手に伝えるとき、誰でも知っている単語を使って名前の漢字を一つずつ読み上げると伝わりやすく、相手にも覚えてもらえる。

▶中国人も自分の名前の漢字を相手に伝える際に次のような言い方をする。
- ●我姓林，双木林。Wǒ xìng Lín, shuāng mù lín.「私は林といいます。木を２つ書いた林です。」
- ●我姓陈，耳东陈。Wǒ xìng Chén, ěr dōng chén.「私は陳といいます。こざとへんに東で陳です。」

▶ほかに、次のような言い方がある。
- ●弓长张 gōng cháng zhāng 「弓に長いと書いて張」
- ●木子李 mù zǐ lǐ 「木に子と書いて李」
- ●口天吴 kǒu tiān wú 「口に天と書いて呉」
- ●子小孙 zǐ xiǎo sūn 「子に小さいと書いて孫」

请多关照 qǐng duō guānzhào
「どうぞよろしくお願いします」

▶決まり文句として覚えておこう。「ご指導ください」というニュアンスのときは"请多指教 qǐng duō zhǐjiào"という。

関連表現

私は村上といいます。日本の有名な小説家村上春樹の村上です。
我姓村上，就是日本著名的小说家村上春树的村上。
Wǒ xìng Cūnshàng, jiù shì Rìběn zhùmíng de xiǎoshuōjiā Cūnshàng Chūnshù de Cūnshàng.

私は大江幸子と申します。大連の大、長江の江、幸福の幸、子供の子です。
我叫大江幸子。大连的大，长江的江，幸福的幸，孩子的子。
Wǒ jiào Dàjiāng Xìngzǐ. Dàlián de dà, Chángjiāng de jiāng, xìngfú de xìng, háizi de zǐ.

私は来たばかりで、あまりよくわかりませんので、よろしくご指導ください。
我刚来不久还不太熟悉，请各位多多指教。
Wǒ gāng lái bùjiǔ hái bútài shúxī, qǐng gèwèi duōduō zhǐjiào.

1 自己紹介

1-2 出身地の紹介

自分の出身地がどんなところなのか、簡単な紹介ができるようにしましょう。

🔊 **Track 2**

大家好。我叫三田善文。我是日本静冈县人。
Dàjiā hǎo. Wǒ jiào Sāntián Shànwén. Wǒ shì Rìběn Jìnggāngxiànrén.

静冈县位于东京往西约二百公里的地方,
Jìnggāngxiàn wèiyú Dōngjīng wǎng xī yuē èrbǎi gōnglǐ de dìfang,

是有名的绿茶产地。
shì yǒumíng de lǜchá chǎndì.

我在静冈县高中毕业以后,来东京念大学。
Wǒ zài Jìnggāngxiàn gāozhōng bìyè yǐhòu, lái Dōngjīng niàn dàxué.

见到大家很高兴。以后请多关照。
Jiàndào dàjiā hěn gāoxìng. Yǐhòu qǐng duō guānzhào.

[日本語訳]

皆さんこんにちは。私は三田善文と申します。日本の静岡県出身です。
静岡県は東京から西に約200キロのところにあり、有名な緑茶の産地です。
静岡県で高校を卒業後、東京に来て大学で勉強しました。
皆さんとお会いできて大変嬉しいです。これからよろしくお願いします。

[語注・解説]

我是 wǒ shì 〜人 rén
「私は〜生まれです」「〜出身です」

▶ "我出生于 wǒ chūshēngyú 〜"または"我出生在 wǒ chūshēngzài 〜"でも可。いずれも出身地を表す表現。

东京往西约二百公里 Dōngjīng wǎng xī yuē èrbǎi gōnglǐ
「東京から西に約 200 キロ」

▶ 日本の地理に不慣れな中国の人に対しても、東京を起点にして紹介すると、大体の位置を理解してもらえる。
 ● 仙台位于东京往北约三百五十公里的地方。Xiāntái wèiyú Dōngjīng wǎng běi yuē sānbǎi wǔshí gōnglǐ de dìfang.「仙台は東京の北約 350 キロのところにあります。」
 ● 名古屋从东京乘坐新干线两个小时就到。Mínggǔwū cóng Dōngjīng chéngzuò xīngànxiàn

liǎng ge xiǎoshí jiù dào.「名古屋は東京から新幹線で２時間で行けます。」

高中毕业 gāozhōng bìyè
「高校を卒業する」

▶ "高中 gāozhōng" は「高校」。なお、中国語の "高等院校 gāoděng yuànxiào" "高校 gāoxiào" は、高等教育機関の総称で、日本語の「大学」などに相当するものなので要注意。

▶「～を卒業する」というとき、"毕业 bìyè" は後ろに目的語を取ることができないので、"(从 cóng)～毕业" または "毕业于 yú ～" となる。

念大学 niàn dàxué
「大学に通う」

▶ ここでの "念 niàn" は「(～で) 勉強する」の意。"上大学 shàng dàxué" または "读大学 dú dàxué" ということもできる。

関連表現

私は東京生まれの名古屋育ちです。
我生在东京长在名古屋。
Wǒ shēngzài Dōngjīng zhǎngzài Mínggǔwū.

北海道は最近中国の映画で紹介され、中国から観光客が続々と訪れています。
最近中国电影介绍了北海道，成千上万的中国游客过来旅游。
Zuìjìn Zhōngguó diànyǐng jièshàole Běihǎidào, chéng qiān shàng wàn de Zhōngguó yóukè guòlai lǚyóu.

東京から福岡まで飛行機で１時間半、北京と上海の距離とほぼ同じです。
从东京坐飞机到福冈要一个半小时，和北京到上海的距离差不多。
Cóng Dōngjīng zuò fēijī dào Fúgāng yào yí ge bàn xiǎoshí, hé Běijīng dào Shànghǎi de jùlí chàbuduō.

沖縄は日本の一番南にあり、かつて琉球と呼ばれていました。
冲绳位于日本的最南端，曾经被称为琉球。
Chōngshéng wèiyú Rìběn de zuì nánduān, céngjīng bèi chēngwéi Liúqiú.

香川県は讃岐うどんで有名です
香川县因"赞岐乌冬面"而出名。
Xiāngchuānxiàn yīn "Zànqí wūdōngmiàn" ér chūmíng.

日本に行くときはぜひ一度京都を訪れてみてください。
你去日本的时候，请一定去京都参观。
Nǐ qù Rìběn de shíhou, qǐng yídìng qù Jīngdū cānguān.

1 自己紹介

1-3 出身校の紹介

自分の出身校や、大学での専攻を紹介してみましょう。中国語の学習歴についても簡単にコメントできるといいでしょう。

🔊 **Track 3**

大家好。我叫中原直树。
Dàjiā hǎo. Wǒ jiào Zhōngyuán Zhíshù.

我毕业于八王子大学经济系。专业是国际经济学。
Wǒ bìyèyú Bāwángzǐ Dàxué jīngjìxì. Zhuānyè shì guójì jīngjì xué.

汉语是作为第二外语学的，所以我的水平不高。
Hànyǔ shì zuòwéi dì èr wàiyǔ xué de, suǒyǐ wǒ de shuǐpíng bù gāo.

以后我会努力学习汉语，要达到能做翻译的水平。
Yǐhòu wǒ huì nǔlì xuéxí Hànyǔ, yào dádào néng zuò fānyì de shuǐpíng.

请大家多多指教。
Qǐng dàjiā duōduō zhǐjiào.

[日本語訳]

皆さんこんにちは。私は中原直樹と申します。
私は八王子大学経済学部を卒業しました。専攻は国際経済です。
中国語は第二外国語で勉強しましたので、あまり上手くありません。
これから中国語を一生懸命勉強して、通訳ができるレベルになりたいと思います。
よろしくお願いします。

[語注・解説]

毕业于 bìyèyú **～大学** Dàxué
「～大学を卒業する」

▶ "从 cóng ～大学毕业 dàxué bìyè" という言い方もできる。

经济系 jīngjìxì
「経済学部」

▶ 「学部」は "系 xì" または "学院 xuéyuàn" という。「学科」「専攻」は "专业 zhuānyè"。

[関連用語]

| 「法学」 | "**法学** fǎxué" |
| 「文学」 | "**文学** wénxué" |

「教育学」	"**教育学** jiàoyùxué"
「政治学」	"**政治学** zhèngzhìxué"
「経営学」	"**经营学** jīngyíngxué"
「商学」	"**商学** shāngxué"
「社会学」	"**社会学** shèhuìxué"
「哲学」	"**哲学** zhéxué"
「歴史学」	"**历史学** lìshǐxué"
「心理学」	"**心理学** xīnlǐxué"
「工学」	"**工学** gōngxué"
「化学」	"**化学** huàxué"
「医学」	"**医学** yīxué"
「薬学」	"**药学** yàoxué"
「農学」	"**农学** nóngxué"
「物理学」	"**物理学** wùlǐxué"
「数学」	"**数学** shùxué"
「情報科学」	"**信息科学** xìnxī kēxué"

汉语是作为第二外语学的 Hànyǔ shì zuòwéi dì èr wàiyǔ xué de
「中国語は第二外国語で勉強しました」

▶ "**作为** zuòwéi 〜" は「〜として」の意。
　●二胡是作为爱好而学的。Èrhú shì zuòwéi àihào ér xué de. 「二胡は趣味で習ったものです。」
　●作为老师，应该以身作则。Zuòwéi lǎoshī, yīnggāi yǐ shēn zuò zé. 「教師たるもの身をもって範を示すべきだ。」

水平 shuǐpíng
「レベル」「水準」

▶「(〜の) レベルを上げる」は "**提高** tígāo (〜) **水平** shuǐpíng"、「(〜の) レベルに達する」は "**达到** dádào (〜) **水平** shuǐpíng"。

做翻译 zuò fānyì
「通訳をする」

▶ "**翻译** fānyì" には「通訳」と「翻訳」の両方の意味がある。どちらかを明示するときは、"**口译** kǒuyì"「通訳」、"**笔译** bǐyì"「翻訳」という。
▶ また、話し手の発言にあわせて同時に通訳する方法「同時通訳」は "**同声传译** tóngshēng chuányì" "**同声翻译** tóngshēng fānyì" という。

1 自己紹介

関連表現

私は八王子大学外国語学部を卒業しました。専攻はビジネス中国語です。
我毕业于八王子大学外语系。专业是商务汉语。
Wǒ bìyèyú Bāwángzǐ Dàxué wàiyǔxì. Zhuānyè shì shāngwù Hànyǔ.

私は大学で中国語を専攻しましたが、アルバイトばかりであまり勉強しませんでした。
虽然我在大学专攻汉语，但因为老是打工［＝光顾着打工］，没有好好学习。
Suīrán wǒ zài dàxué zhuāngōng Hànyǔ, dàn yīnwei lǎoshì dǎgōng [=guāng gùzhe dǎgōng], méiyou hǎohāo xuéxí.

私は大学在学中、1年間休学して中国の大学に留学しました。
我上大学时，休学一年去中国留学了。
Wǒ shàng dàxué shí, xiūxué yì nián qù Zhōngguó liúxué le.

私は中国語を勉強して3年になります。独学で勉強しました。
我学汉语学了三年了，是自学的。
Wǒ xué Hànyǔ xuéle sān nián le, shì zìxué de.

1 自己紹介

1-4 家族の紹介

自分の家族を紹介してみましょう。家族構成や、家族の職業などについて説明します。

🔊 Track 4

我家有四口人。有父母、妹妹和我。
Wǒ jiā yǒu sì kǒu rén. Yǒu fùmǔ, mèimei hé wǒ.

父亲在贸易公司工作，母亲是家庭主妇。
Fùqin zài màoyì gōngsī gōngzuò, mǔqin shì jiātíng zhǔfù.

妹妹读高中三年级。还有一条狗。
Mèimei dú gāozhōng sān niánjí. Hái yǒu yì tiáo gǒu.

我虽是第一次来中国，但也要享受这边的留学生活。
Wǒ suī shì dì yī cì lái Zhōngguó, dàn yě yào xiǎngshòu zhèbiān de liúxué shēnghuó.

[日本語訳]

うちは両親と妹と私の4人暮らしです。
父は商社で働いており、母は専業主婦、妹は高校3年生です。
それから犬が1匹います。
私は中国に来るのは初めてですが、こちらでの留学生活を楽しみたいと思っています。

[語注・解説]

父母 fùmǔ
「両親」

▶両親以外に親戚の言い方も覚えよう。中国語では父方、母方で言い方が異なるので注意。

[関連用語]

〈父系〉

	[口頭呼称]	[書面呼称]
「おじいさん」	"爷爷 yéye"	"祖父 zǔfù"
「おばあさん」	"奶奶 nǎinai"	"祖母 zǔmǔ"
「父の兄」	"伯伯 bóbo"	"伯父 bófù"
「父の弟」	"叔叔 shūshu"	"叔父 shūfù"
「父の姉妹」	"姑姑 gūgu"	"姑母 gūmǔ"

1 自己紹介

〈母系〉

	〔口頭呼称〕	〔書面呼称〕
「おじいさん」	"外公 wàigōng" "姥爷 lǎoye"	"外祖父 wàizǔfù"
「おばあさん」	"外婆 wàipó" "姥姥 lǎolao"	"外祖母 wàizǔmǔ"
「母の兄弟」	"舅舅 jiùjiu"	"舅父 jiùfù"
「母の姉妹」	"姨妈 yímā"	"姨母 yímǔ"

读高中三年级 dú gāozhōng sān niánjí
「高校3年生です」

▶"读 dú"は「(〜で) 勉強する」の意。"念 niàn"でも可。

[関連用語]

「幼稚園」	"幼儿园 yòu'éryuán"
「小学校」	"小学 xiǎoxué"
「中学校」	"初中 chūzhōng"
「高等学校」	"高中 gāozhōng"
「大学」	"大学 dàxué" "高校 gāoxiào"
「大学院」	"研究生院 yánjiūshēngyuàn"

享受 xiǎngshòu
「楽しむ」「味わう」

[関連表現]

私は妻と息子2人の4人家族です。長男は高校2年生、次男は中学1年生です。
我家有四口人，有太太 [＝妻子] 和两个儿子。老大读高中二年级，老二读初中一年级。
Wǒ jiā yǒu sì kǒu rén, yǒu tàitai [=qīzi] hé liǎng ge érzi. Lǎodà dú gāozhōng èr niánjí, lǎo'èr dú chūzhōng yī niánjí.

私の家は東京の郊外にあります。
我家在东京郊区。
Wǒ jiā zài Dōngjīng jiāoqū.

私の娘は大学院生です。
我女儿在念研究生。
Wǒ nǚ'ér zài niàn yánjiūshēng.

家には猫が1匹います。家族全員、動物がとても好きです。
我家有一只猫。我们全家都喜欢动物。
Wǒ jiā yǒu yì zhī māo. Wǒmen quánjiā dōu xǐhuan dòngwù.

私には兄弟はいません。一人っ子です。
我没有兄弟姐妹。我是独生子女。
Wǒ méi yǒu xiōngdì jiěmèi. Wǒ shì dúshēng zǐnǚ.

私が小学生のとき、父の仕事の関係で一家で北京に3年間住んだことがあります。
我念小学的时候，因为父亲工作的关系，全家在北京住过三年。
Wǒ niàn xiǎoxué de shíhou, yīnwei fùqin gōngzuò de guānxi, quánjiā zài Běijīng zhùguo sān nián.

両親は名古屋に住んでいますが、私は大阪で一人暮らしをしています。
父母住在名古屋，我一个人在大阪生活。
Fùmǔ zhùzài Mínggǔwū, wǒ yí ge rén zài Dàbǎn shēnghuó.

昨年の10月に結婚しました。
我去年十月结婚了。
Wǒ qùnián shíyuè jiéhūn le.

今年の9月に初めての子供が生まれる予定です。
今年九月我的第一个孩子即将出生。
Jīnnián jiǔyuè wǒ de dì yī ge háizi jíjiāng chūshēng.

1 自己紹介

1-5 趣味の紹介

自分の趣味の紹介です。好きなこと・興味があることについて、中国語で言えるようになりましょう。

🔊 Track 5

我的爱好是打垒球。在高中垒球队当投手，
Wǒ de àihào shì dǎ lěiqiú. Zài gāozhōng lěiqiúduì dāng tóushǒu,

在千叶县地区大赛上获得过亚军。今后也要继续打球。
zài Qiānyèxiàn dìqū dàsàishang huòdéguo yàjūn. Jīnhòu yě yào jìxù dǎqiú.

除了体育运动以外，我还喜欢看中国电影，
Chúle tǐyù yùndòng yǐwài, wǒ hái xǐhuan kàn Zhōngguó diànyǐng,

我想通过看电影来学习汉语的口语。
wǒ xiǎng tōngguò kàn diànyǐng lái xuéxí Hànyǔ de kǒuyǔ.

日本語訳

私の趣味はソフトボールです。高校のソフトボール部ではピッチャーとして千葉県地区大会で準優勝したことがあります。これからも続けていきたいと思います。
スポーツのほかには、中国の映画も好きです。映画を見ながら、中国語の話しことばをたくさん覚えたいと思います。

語注・解説

我的爱好是 wǒ de àihào shì 〜
「私の趣味は〜です」

▶ "〜"の部分には、"足球 zúqiú"「サッカー」のような名詞のほか、"看电影 kàn diànyǐng"「映画を見る」のような動詞句がくることも多い。

▶ "喜欢 xǐhuan"という動詞を使って、"我喜欢旅游。Wǒ xǐhuan lǚyóu."「私は旅行をするのが好きです。」のような言い方もできる。

関連用語

「サッカー（をする）」	"(踢)足球 (tī) zúqiú"
「野球（をする）」	"(打)棒球 (dǎ) bàngqiú"
「テニス（をする）」	"(打)网球 (dǎ) wǎngqiú"
「バドミントン（をする）」	"(打)羽毛球 (dǎ) yǔmáoqiú"
「バスケットボール（をする）」	"(打)篮球 (dǎ) lánqiú"

1-5 趣味の紹介

「卓球（をする）」	"(打) 乒乓球 (dǎ) pīngpāngqiú"
「水泳（をする）」	"游泳 yóuyǒng"
「スキー（をする）」	"滑雪 huáxuě"
「スケート（をする）」	"滑冰 huábīng"
「カラオケ（で歌う）」	"(唱) 卡拉OK (chàng) kǎlāOK"
「ギター（を弾く）」	"(弹) 吉他 (tán) jítā"
「バイオリン（を弾く）」	"(拉) 小提琴 (lā) xiǎotíqín"
「ピアノ（を弾く）」	"(弹) 钢琴 (tán) gāngqín"
「音楽を聴く」	"听音乐 tīng yīnyuè"
「本［漫画］を読む」	"看书［漫画］ kàn shū [mànhuà]"
「ゲームをする」	"玩儿游戏 wánr yóuxì"
「テレビドラマを見る」	"看电视剧 kàn diànshìjù"
「ダンスをする」	"跳舞 tiàowǔ"

打垒球 dǎ lěiqiú
「ソフトボールをする」

获得亚军 huòdé yàjūn
「準優勝する」

▶ "获得 huòdé" は「獲得する」「得る」の意。代わりに "夺得 duódé" 「奪い取る」「勝ち取る」と言っても可。"亚军 yàjūn" は「準優勝」。

関連用語

「優勝する」	"获得冠军 huòdé guànjūn"
「決勝戦」	"决赛 juésài"
「準決勝」	"半决赛 bànjuésài"
「準々決勝」	"四分之一决赛 sì fēn zhī yī juésài"
「金メダル」	"金牌 jīnpái"
「銀メダル」	"银牌 yínpái"
「銅メダル」	"铜牌 tóngpái"

除了 chúle ～以外 yǐwài
「～のほかには」「～以外には」

通过看电影 tōngguò kàn diànyǐng
「映画を見ることを通じて」

▶ "通过 tōngguò ～" で「～を通じて」「～を通して」という手段を表す。

1 自己紹介

関連表現

私の趣味はゴルフです。ホールインワンを出したことがあります。
我的爱好是打高尔夫球，曾经打出过一杆进洞。
Wǒ de àihào shì dǎ gāo'ěrfūqiú, céngjīng dǎchuguo yì gǎn jìn dòng.

私の趣味はジョギングです。毎週末に10キロ走っています。
我的爱好是慢跑。每周末都跑十公里。
Wǒ de àihào shì mànpǎo. Měi zhōumò dōu pǎo shí gōnglǐ.

私は小さい頃から二胡を習っており、8級の免状をもっています。
我从小就学二胡，已经考取了八级证书。
Wǒ cóng xiǎo jiù xué èrhú, yǐjīng kǎoqǔle bā jí zhèngshū.

私は運動が苦手ですが、スポーツ観戦は好きです。
我不善于运动，但喜欢看体育活动。
Wǒ bú shànyú yùndòng, dàn xǐhuān kàn tǐyù huódòng.

1 自己紹介

1-6 仕事の紹介

社外の人に向けて、自分の仕事を紹介してみましょう。勤めている会社や、所属部署、担当業務について話します。

🔊 **Track 6**

我在富将电机公司的采购部工作。
Wǒ zài Fùjiāng Diànjī Gōngsī de cǎigòubù gōngzuò.

我负责的地区是中国。
Wǒ fùzé de dìqū shì Zhōngguó.

目前主要从华南地区的厂家采购电子零部件。
Mùqián zhǔyào cóng Huánán dìqū de chǎngjiā cǎigòu diànzǐ língbùjiàn.

刚开始的时候，因为缺乏经验碰到了很多困难。
Gāng kāishǐ de shíhou, yīnwei quēfá jīngyàn pèngdàole hěn duō kùnnan.

但是经过了半年的时间，现在总算能够独当一面了。
Dànshì jīngguòle bànnián de shíjiān, xiànzài zǒngsuàn nénggòu dú dāng yí miàn le.

虽然工作很忙，但我对自己的工作感到很自豪，
Suīrán gōngzuò hěn máng, dàn wǒ duì zìjǐ de gōngzuò gǎndào hěn zìháo,

所以今后我要积累经验，继续努力工作。
suǒyǐ jīnhòu wǒ yào jīlěi jīngyàn, jìxù nǔlì gōngzuò.

日本語訳

私は富将電機の購買部で働いています。
担当地域は中国で、主に華南地域のメーカーから電子部品を購入しています。
始めたばかりの頃は経験がなく何かと大変でしたが、半年経って、今では何とか一人で仕事をこなせるようになりました。
仕事は忙しいですが、とてもやりがいを感じているので、これからも経験を積み重ね、頑張っていきたいと思います。

語注・解説

富将电机公司 Fùjiāng Diànjī Gōngsī
「富将電機」
▶ 会社名に対して、中国語では名称の後に必ず "公司 gōngsī" をつける。

1 自己紹介

采购部 cǎigòubù
「購買部」

▶ "采购 cǎigòu" は企業などが「購入・調達する」「仕入れる」という場合の表現。個人が「購入する」という場合の一般的な表現は "购买 gòumǎi"。

[関連用語]

「営業部」	"营业部 yíngyèbù"
「販売部」	"销售部 xiāoshòubù"
「総務部」	"总务部 zǒngwùbù"
「人事部」	"人事部 rénshìbù" "人力资源部 rénlì zīyuánbù"
「広報部」	"宣传部 xuānchuánbù"
「企画部」	"计划部 jìhuàbù" "企划部 qǐhuàbù"
「編集部」	"编辑部 biānjíbù"
「法務部」	"法务部 fǎwùbù"
「財務部」	"财务部 cáiwùbù"
「貿易部」	"贸易部 màoyìbù"
「技術部」	"技术部 jìshùbù"
「製造部」	"制造部 zhìzàobù"
「生産管理部」	"生产管理部 shēngchǎn guǎnlǐbù"
「秘書課」	"秘书科 mìshūkē"
「研究開発部」	"研究开发部 yánjiū kāifābù"
「顧客サービス部」	"客户服务部 kèhù fúwùbù"

负责 fùzé
「責任を負う」「担当する」

▶ "担任 dānrèn"「担当する」「受け持つ」ともいえる。

零部件 língbùjiàn
「部品」「パーツ」

▶ "零件 língjiàn" は、ネジ、バネ等の基本部品。"部件 bùjiàn" は、基本部品を組み合わせたコンポーネント部品を表す。

缺乏经验 quēfá jīngyàn
「経験が足りない」

▶ "缺乏 quēfá" は「足りない」「不足している」という意味。

▶ 「経験を積む」は "积累经验 jīlěi jīngyàn"、「経験が豊富だ」は "有丰富的经验 yǒu fēngfù de jīngyàn" という。

碰到 pèngdào
「出会う」「遭遇する」

▶ "碰到了很多困难 pèngdàole hěn duō kùnnan" で「多くの困難に遭った」の意。

总算 zǒngsuàn
「ようやく」「どうにかこうにか」

● 现在总算能用汉语打电话了。Xiànzài zǒngsuàn néng yòng Hànyǔ dǎ diànhuà le.「どうにか中国語で電話をかけられるようになりました。」

能够 nénggòu
「〜できる」

▶ "能 néng" とほぼ同じだが、"能够 nénggòu" のほうは書きことばで多用される。

独当一面 dú dāng yí miàn
「一人で仕事をこなす」

▶「一人で」"独 dú"+「ある分野を」"一面 yí miàn"+「受け持つ」"当 dāng"、つまり「一人前になる」ということ。

自豪 zìháo
「誇りに感じる」

▶ "对 duì 〜感到很自豪 gǎndào hěn zìháo" で、「〜に誇りを感じる」の意。

関連表現

ただ今ご紹介にあずかりました林商事の伊藤と申します。経理部の部長をしております。
我是刚才主持人介绍的林商事的伊藤，是会计部的部长。
Wǒ shì gāngcái zhǔchírén jièshào de Lín Shāngshì de Yīténg, shì kuàijìbù de bùzhǎng.

私は総経理の秘書兼通訳を担当しています。
我担任总经理的秘书兼翻译。
Wǒ dānrèn zǒngjīnglǐ de mìshū jiān fānyì.

今年で入社して5年目です。
今年是我进公司的第五年。
Jīnnián shì wǒ jìn gōngsī de dì wǔ nián.

1年目は中国語のレベルが低く、営業の仕事はかなり大変でした。
头一年因为我的汉语水平不高，销售工作遇到了不少障碍。
Tóu yì nián yīnwei wǒ de Hànyǔ shuǐpíng bù gāo, xiāoshòu gōngzuò yùdàole bù shǎo zhàng'ài.

1 自己紹介

私はコンサルティング会社を経営しています。
我在经营一家咨询公司。
Wǒ zài jīngyíng yì jiā zīxún gōngsī.

私はレストランでアルバイトをしています。
我在餐厅打临时工。
Wǒ zài cāntīng dǎ línshígōng.

私の会社は飲料メーカーです。
我公司是饮料厂家［＝厂商］。
Wǒ gōngsī shì yǐnliào chǎngjiā［＝chǎngshāng］.

私は金融業界で働いています。
我在金融行业工作。
Wǒ zài jīnróng hángyè gōngzuò.

2 入社 / 着任 / 就任

2-1 新入社員の挨拶

大学で中国語を習った和田さんが、念願かなって中国貿易部に配属されました。配属直後の挨拶です。

🔊 Track 7

请允许我自我介绍一下。我叫和田宏树。
Qǐng yǔnxǔ wǒ zìwǒ jièshào yíxià. Wǒ jiào Hétián Hóngshù.

因为我的大学专业是商务汉语，
Yīnwei wǒ de dàxué zhuānyè shì shāngwù Hànyǔ,

所以我一直希望从事中国方面的业务。
suǒyǐ wǒ yìzhí xīwàng cóngshì Zhōngguó fāngmiàn de yèwù.

这次如愿以偿被分配到中国贸易部，我心里非常激动。
Zhèi cì rú yuàn yǐ cháng bèi fēnpèidào Zhōngguó màoyìbù, wǒ xīnli fēicháng jīdòng.

我的汉语水平还不高，也没有工作经验，
Wǒ de Hànyǔ shuǐpíng hái bù gāo, yě méi yǒu gōngzuò jīngyàn,

但是我会竭尽全力尽快学好业务，希望各位多多指教。
dànshì wǒ huì jiéjìn quánlì jǐnkuài xuéhǎo yèwù, xīwàng gèwèi duōduō zhǐjiào.

日本語訳

自己紹介させていただきます。私は和田宏樹と申します。
大学での専攻がビジネス中国語でしたので、中国関係の仕事に就きたいと思っておりましたら、希望通り中国貿易部に配属になり、とても感激しています。
中国語はまだ上手くありませんし、仕事の経験もありませんが、全力投球でできるだけ早く仕事を覚えたいと思います。どうぞよろしくお願いします。

語注・解説

请允许我 qǐng yǔnxǔ wǒ ～
「～させていただきます」「～させてください」

▶自分をへりくだった表現。"请让我 qǐng ràng wǒ ～"ともいえる。"允许 yǔnxǔ"は「許す」「許可する」の意。

从事 cóngshì
「携わる」「従事する」

2 入社 / 着任 / 就任

如愿以偿 rú yuàn yǐ cháng
「夢がかなう」「希望通りになる」

▶ 逆の場合は、"事与愿违" shì yǔ yuàn wéi「事が希望通りいかない」という。

被分配到 bèi fēnpèidào 〜
「〜に配属になる」

▶ "被 bèi" は受け身で「〜される」、"分配 fēnpèi" は「（職場へ）配属する」の意。

竭尽全力 jiéjìn quánlì
「全力を尽くす」「一生懸命やる」

▶ ほかに "全力以赴 quán lì yǐ fù"「全力で対処する」や "不遗余力 bù yí yú lì"「全力を尽くす」という言い方もある。

関連表現

一言ご挨拶させていただきます。
请允许我讲几句话。
Qǐng yǔnxǔ wǒ jiǎng jǐ jù huà.

無錫商事に入社することができ、とても光栄です。
我能进入无锡商事公司，感到非常荣幸。
Wǒ néng jìnrù Wúxī Shāngshì Gōngsī, gǎndào fēicháng róngxìng.

当社に来る前は、東聯銀行の法務部に６年間勤務しておりました。
我来这里以前在东联银行的法务部工作了六年。
Wǒ lái zhèli yǐqián zài Dōnglián Yínháng de fǎwùbù gōngzuòle liù nián.

これまでの経験を、当社でも発揮することができればと願っています。
我希望能把我过去的经验应用在这家公司的业务方面。
Wǒ xīwàng néng bǎ wǒ guòqù de jīngyàn yìngyòngzài zhèi jiā gōngsī de yèwù fāngmiàn.

これからみなさんと一緒に働けるのがとても楽しみです。
我很期望能和大家一起工作。
Wǒ hěn qīwàng néng hé dàjiā yìqǐ gōngzuò.

これから一生懸命に働かせていただく覚悟ですので、よろしくお願いします。
今后我将全力以赴地工作，还请多关照。
Jīnhòu wǒ jiāng quán lì yǐ fù de gōngzuò, hái qǐng duō guānzhào.

2 入社 / 着任 / 就任

2-2 社内での着任挨拶

東京から蘇州に転勤してきた木村さん。これから色々とお世話になる職場の方々に向けて、着任挨拶をします。

🔊 **Track 8**

我叫木村春夫。因四月一日的人事调动，
Wǒ jiào Mùcūn Chūnfū. Yīn sìyuè yī rì de rénshì diàodòng,

我从东京总部调到苏州工厂来了。
wǒ cóng Dōngjīng zǒngbù diàodào Sūzhōu gōngchǎng lái le.

我以前出差来过这里几次，但常驻中国还是第一次。
Wǒ yǐqián chūchāi láiguo zhèli jǐ cì, dàn chángzhù Zhōngguó háishi dì yī cì.

我相信无论在生活方面，还是工作方面
Wǒ xiāngxìn wúlùn zài shēnghuó fāngmiàn, háishi gōngzuò fāngmiàn

会有很多事需要各位的帮助。希望各位多多指教。
huì yǒu hěn duō shì xūyào gèwèi de bāngzhù. Xīwàng gèwèi duōduō zhǐjiào.

[日本語訳]

私は木村春夫と申します。4月1日付人事異動により、東京本社からここ蘇州工場に転勤してきました。
こちらへは出張で何回か来たことはありますが、中国駐在は初めてです。
生活面でも仕事面でも皆様に助けていただくことが沢山あると思います。どうぞよろしくお願いします。

[語注・解説]

人事调动 rénshì diàodòng
「人事異動」

[関連用語]

「試用期間」	"试用期 shìyòngqī"
「解雇する」	"解雇 jiěgù" "炒鱿鱼 chǎo yóuyú"
「採用する」	"录用 lùyòng"
「就任する」	"就任 jiùrèn"
「着任する」	"到任 dàorèn"
「駐在する」	"常驻 chángzhù"

第1章 自己紹介と挨拶

2 入社 / 着任 / 就任

「昇進する」　"晋升 jìnshēng" "升职 shēngzhí"
「転職する」　"改行 gǎiháng" "跳槽 tiàocáo" "转业 zhuǎnyè"
「退職する」　"退职 tuìzhí"

- 过了试用期，公司就不能随意解雇员工了。Guòle shìyòngqī, gōngsī jiù bù néng suíyì jiěgù yuángōng le. 「試用期間が終われば、会社は簡単に従業員を解雇することはできない。」

从 cóng 〜调到 diàodào …来 lái
「〜から…へ転勤してくる」

▶ "调 diào" は「移動する」の意。
▶ 「転勤する」「異動する」「職場・ポストを変える」は "调动工作 diàodòng gōngzuò" という。

总部 zǒngbù
「本社」「本部」

▶ "总公司 zǒnggōngsī"「本社」ともいう。また、「支社」「支店」は "分公司 fēngōngsī" "分行 fēnháng"。

出差 chūchāi
「出張する」

▶ 「出張手当」は "出差补贴 chūchāi bǔtiē" という。

相信 xiāngxìn
「〜を信じる」「〜だと思う」

- 请相信我。Qǐng xiāngxìn wǒ. 「私を信じてください。」

无论在生活方面，还是工作方面
wúlùn zài shēnghuó fāngmiàn, háishi gōngzuò fāngmiàn
「生活の面でも、仕事の面でも」

▶ "无论在 wúlùn zài 〜方面 fāngmiàn, 还是（在）háishi (zài) … 方面 fāngmiàn" は「〜の面でも…の面でも」の意。次のように、"方面 fāngmiàn" を "上 shàng" に言い換えてもほぼ同じ。
- 她的日语非常好。无论在语法上还是在发音上谁也比不过她。Tā de Rìyǔ fēicháng hǎo. Wúlùn zài yǔfǎshang háishi zài fāyīnshang shéi yě bǐbuguò tā. 「彼女の日本語は素晴らしい。文法も発音も誰も彼女にはかなわない。」

▶ 関連して、"无论如何 wúlùn rúhé" は「何が何でも」という意味。
- 无论如何我们一定要完成销售计划。Wúlùn rúhé wǒmen yídìng yào wánchéng xiāoshòu jìhuà. 「何が何でも売上計画を達成しなければならない。」

関連表現

家族は妻と子供2人です。目下のところ単身赴任で、半年後に家族を呼び寄せたいと思っています。

我家有太太［＝妻子］和两个孩子。目前我单身赴任，准备在半年后叫家属过来。

Wǒ jiā yǒu tàitai [=qīzi] hé liǎng ge háizi. Mùqián wǒ dānshēn fùrèn, zhǔnbèi zài bàn nián hòu jiào jiāshǔ guòlai.

私は海外駐在は初めてなので少し不安です。

这是我第一次常驻海外工作，所以内心有些不安。

Zhè shì wǒ dì yī cì chángzhù hǎiwài gōngzuò, suǒyǐ nèixīn yǒuxiē bù'ān.

私は中国語を勉強して、できるだけ早くこちらの生活に慣れたいと思っています。

我想学习汉语尽快适应［＝习惯］这边的生活。

Wǒ xiǎng xuéxí Hànyǔ jǐnkuài shìyìng [=xíguàn] zhèbiān de shēnghuó.

2 入社 / 着任 / 就任

2-3 取引先への着任挨拶

着任後、早速中国の取引先への着任挨拶です。少しでも中国語で挨拶ができると大変喜んでもらえるはずです。

🔊 Track 9

你们好。我叫大西正人。非常感谢你们对我公司的关照。
Nǐmen hǎo. Wǒ jiào Dàxī Zhèngrén. Fēicháng gǎnxiè nǐmen duì wǒ gōngsī de guānzhào.

我从上周起就任上海分公司总经理。
Wǒ cóng shàngzhōu qǐ jiùrèn Shànghǎi fēngōngsī zǒngjīnglǐ.

我五年前也曾经常驻这里,
Wǒ wǔ nián qián yě céngjīng chángzhù zhèli,

所以我自以为对这里的情况比较熟悉,
suǒyǐ wǒ zì yǐwéi duì zhèli de qíngkuàng bǐjiào shúxī,

但真没想到新的高楼大厦鳞次栉比,地铁线路四通八达,
dàn zhēn méi xiǎngdào xīn de gāolóu dàshà lín cì zhì bǐ, dìtiě xiànlù sì tōng bā dá,

整个市容发生了很大的变化。
zhěnggè shìróng fāshēngle hěn dà de biànhuà.

与前任的田中一样,希望大家多多指教。
Yǔ qiánrèn de Tiánzhōng yíyàng, xīwàng dàjiā duōduō zhǐjiào.

[日本語訳]

こんにちは。私は大西正人と申します。御社には大変お世話になっております。
先週から上海支店総経理に着任いたしました。
5年前にも一度駐在していたので、こちらの事情はある程度わかっているつもりだったのですが、新しいビルが立ち並び地下鉄路線が整備され、街の様相がすっかり変わってしまったので驚いています。
前任の田中同様、よろしくお願い申し上げます。

語注・解説

自以为 zì yǐwéi ～
「自分では～だと考える」「～のつもりでいる」

▶ "以为 yǐwéi" は「～と思う」「～と考える」の意。「(事実に反することを) 思い込む」という意味で使うことも多い。
　●**自以为了不起** zì yǐwéi liǎobuqǐ 「自分は偉いと勝手に思い込む」

熟悉 shúxī
「詳しく知る」「よく知っている」

没想到 méi xiǎngdào 〜
「思いがけず〜だった」「〜とは思いもよらなかった」
- 没想到她已经五十多岁了。Méi xiǎngdào tā yǐjīng wǔshí duō suì le. 「彼女が50歳を過ぎているとはまったく驚いた。」

鳞次栉比 lín cì zhì bǐ
「(建物が)魚の鱗や櫛の歯のようにびっしりと並んでいる」
- 上海的浦东地区发展得很快。以前什么也没有，而现在高楼大厦鳞次栉比。Shànghǎi de Pǔdōng dìqū fāzhǎnde hěn kuài. Yǐqián shénme yě méi yǒu, ér xiànzài gāolóu dàshà lín cì zhì bǐ. 「上海の浦東地区は急速に発展しました。以前は何もなかったのに、今では高層ビルが建ち並んでいます。」

四通八达 sì tōng bā dá
「四方八方に通じる」

市容 shìróng
「街の様子」「街並み」

関連表現

御社との取引内容につきましては前任者の山下から引き継いでおりますので、今後何かありましたらいつでも私にご連絡ください。

关于与贵公司的业务，前任的山下已经移交给我了。所以如果有什么事，请随时跟我联系。
Guānyú yǔ guìgōngsī de yèwù, qiánrèn de Shānxià yǐjīng yíjiāogěi wǒ le. Suǒyǐ rúguǒ yǒu shénme shì, qǐng suíshí gēn wǒ liánxì.

一応任期は3年の予定ですが、業務が急速に伸びていますので、おそらく任期通りには帰れないと思います。

目前的任期预定是三年，但因为业务迅速发展，所以也许不会按期回国。
Mùqián de rènqī yùdìng shì sān nián, dàn yīnwei yèwù xùnsù fāzhǎn, suǒyǐ yěxǔ bú huì ànqī huíguó.

私は中国で骨を埋める覚悟でやってまいりました。

我是抱着在中国一干到底的决心前来的。
Wǒ shì bàozhe zài Zhōngguó yí gàn dàodǐ de juéxīn qiánlái de.

2 入社／着任／就任

2-4 留学生の挨拶

中国留学の夢がかなった高木さん。中国での授業の初日、クラスメイトに挨拶をします。

🔊 **Track 10** ・・・

同学们好。我叫高木美那。我是从日本京都来的。
Tóngxuémen hǎo. Wǒ jiào Gāomù Měinà. Wǒ shì cóng Rìběn Jīngdū lái de.

这次盼望已久的中国留学的梦想终于实现了，
Zhèi cì pànwàng yǐ jiǔ de Zhōngguó liúxué de mèngxiǎng zhōngyú shíxiàn le,

我非常高兴。
wǒ fēicháng gāoxìng.

我在日本的大学学了一年汉语，但水平还不高。
Wǒ zài Rìběn de dàxué xuéle yì nián Hànyǔ, dàn shuǐpíng hái bù gāo.

我会充分利用这次宝贵的机会，不仅要学好课堂内容，
Wǒ huì chōngfèn lìyòng zhèi cì bǎoguì de jīhuì, bùjǐn yào xuéhǎo kètáng nèiróng,

更要学好日常生活中的汉语。爱好是打网球。
gèng yào xuéhǎo rìcháng shēnghuózhōng de Hànyǔ. Àihào shì dǎ wǎngqiú.

我希望能早一点儿熟悉各位同学，所以我愿意和大家多多交流。
Wǒ xīwàng néng zǎo yìdiǎnr shúxī gèwèi tóngxué, suǒyǐ wǒ yuànyi hé dàjiā duōduō jiāoliú.

[日本語訳]
皆さんこんにちは。私は高木美那です。日本の京都から来ました。
このたび念願の中国留学の夢がかない、本当に嬉しいです。
中国語は日本の大学で１年間勉強しましたが、まだレベルは高くありません。
この貴重な機会を利用して、学校の授業だけでなく、生活の中での中国語もしっかり学びたいと思います。趣味はテニスです。
クラスの皆さんとはやく仲良くなりたいので、皆さんとたくさんお話ししたいと思っています。

語注・解説

盼望已久 pànwàng yǐ jiǔ
「ずっとあこがれている」

▶ "盼望 pànwàng" は「切に願う」「待ち望む」、"已久 yǐ jiǔ" は「長い間」「ずっと」という意味。

梦想终于实现了 mèngxiǎng zhōngyú shíxiàn le
「夢がついに実現した」

▶「夢がかなう」は "梦想成真 mèngxiǎng chéng zhēn" ともいう。「夢が破れる」は "梦想破灭 mèngxiǎng pòmiè"。

利用 lìyòng ～的机会 de jīhuì
「～の機会を利用して」

▶ "机会 jīhuì" を使った表現として、このほか、「チャンスをつかむ」"抓住机会 zhuāzhù jīhuì"、「この機会に」"借此机会 jiè cǐ jīhuì" なども覚えておこう。
　● 借此机会，我表示衷心的感谢。Jiè cǐ jīhuì, wǒ biǎoshì zhōngxīn de gǎnxiè.「この場をお借りして、心から感謝を申し上げます。」

不仅 bùjǐn ～
「～だけでなく」
　● 他不仅会说普通话，还会说广东话。Tā bùjǐn huì shuō pǔtōnghuà, hái huì shuō Guǎngdōnghuà.「彼は標準語だけでなく広東語も話せます。」

▶「そればかりでなく」は "不仅如此 bùjǐn rúcǐ" という。

関連表現

私は中国語を3年間勉強していますが、リスニングが苦手です。
我学了三年汉语，但听力还很差。
Wǒ xuéle sān nián Hànyǔ, dàn tīnglì hái hěn chà.

何としてもこの機会に中国語をものにしたいです。
无论如何，我一定要借此机会学好汉语。
Wúlùn rúhé, wǒ yídìng yào jiè cǐ jīhuì xuéhǎo Hànyǔ.

中国語だけでなく、中国の歴史や文化も学びたいです。
不仅学习汉语，还要学习中国的历史和文化。
Bùjǐn xuéxí Hànyǔ, hái yào xuéxí Zhōngguó de lìshǐ hé wénhuà.

2 入社 / 着任 / 就任

2-5 総経理就任挨拶

四川省の成都に着任した渡辺総経理が、さっそく支店の社員を集めて挨拶をします。

🔊 **Track 11** ･･･

我是渡边伸男。这次我奉命就任成都分公司总经理。
Wǒ shì Dùbiān Shēnnán. Zhèi cì wǒ fèngmìng jiùrèn Chéngdū fēngōngsī zǒngjīnglǐ.

在中国政府西部大开发的政策下,
Zài Zhōngguó zhèngfǔ xībù dàkāifā de zhèngcè xià,

西南地区市场正在迅速地扩大。
xīnán dìqū shìchǎng zhèngzài xùnsù de kuòdà.

日本总公司也期望我们成都分公司的业务进一步发展。
Rìběn zǒnggōngsī yě qīwàng wǒmen Chéngdū fēngōngsī de yèwù jìn yí bù fāzhǎn.

今后让我们和销售、客服、财务、总务各部门密切配合,
Jīnhòu ràng wǒmen hé xiāoshòu, kèfú, cáiwù, zǒngwù gèbùmén mìqiè pèihé,

同心协力为了公司的发展而奋斗到底吧。
tóng xīn xié lì wèile gōngsī de fāzhǎn ér fèndòu dàodǐ ba.

──[日本語訳]──

渡辺伸男と申します。今般の人事発令で成都支店総経理に任命されました。
中国政府の西部大開発政策のもと西南地区の市場は急速に拡大しており、我々成都支店は日本の本社からさらなる発展を期待されております。
今後、営業、顧客サポート、財務、総務各部門で密接に連携し、社内一丸となって会社の発展のために頑張りましょう。

──[語注・解説]──

奉命 fèngmìng
「拝命する」「命令を受ける」

▶ 直後に動詞が続くと、「命令を受けて〜する」「命令に基づいて〜する」という意味になる。ここでは "奉命就任 fèngmìng jiùrèn" で、「命令に従い就任する」つまり「任命される」ということ。

● 奉命发送我公司东京总部地址如下。Fèngmìng fāsòng wǒ gōngsī Dōngjīng zǒngbù dìzhǐ rúxià. 「ご依頼に基づきまして、弊社の東京本社の住所を以下の通りご連絡申し上げます。」

2-5 総経理就任挨拶

在 zài ～下 xià
「～のもとで」「～により」
- 在大家的帮助下 zài dàjiā de bāngzhù xià「皆様のご協力のもと」

西南地区 xīnán dìqū
「西南地区」

▶四川省、重慶市、雲南省、貴州省、チベット自治区をさす。

▶その他の地区、省についても地図の中の大体の位置を頭に入れよう。なお、各地区に含まれる省、市、自治区は概ね以下の通りだが、厳密な行政区分ではないので、人によって多少の解釈の違いがある。（例：福建省を華東地区と捉えるか、それとも華南地区と捉えるか？）

"东北地区 Dōngběi dìqū"	「黒竜江省、吉林省、遼寧省」
"华北地区 Huáběi dìqū"	「北京市、天津市、河北省、山西省、内モンゴル自治区」
"西北地区 Xīběi dìqū"	「陝西省、甘粛省、青海省、寧夏回族自治区、新疆ウイグル自治区」
"华中地区 Huázhōng dìqū"	「湖北省、湖南省、河南省」
"华东地区 Huádōng dìqū"	「上海市、山東省、江蘇省、安徽省、江西省、浙江省、福建省」
"西南地区 Xīnán dìqū"	「四川省、雲南省、貴州省、重慶市、チベット自治区」
"华南地区 Huánán dìqū"	「広東省、海南省、広西チワン族自治区」

＊"东北地区"は"东北三省 Dōngběi sān shěng"ともいう。

▶なお、各省、自治区の位置については、巻末の地図 (p.166) を参照のこと。

客服 kèfú
「顧客サポート」「顧客サービス」
▶"客户服务 kèhù fúwù"の略。

同心协力 tóng xīn xié lì
「一丸となって協力する」「一致団結する」
▶"同心 tóngxīn"は「心を合わせる」、"协力 xiélì"は「協力する」という意味。

奋斗到底 fèndòu dàodǐ
「最後まで頑張る」
▶"奋斗 fèndòu"は「奮闘する」「頑張る」、"到底 dàodǐ"は「最後まで（～する）」の意。
▶「頑張ろう」と励ますときは"加油吧 jiāyóu ba"、"努力吧 nǔlì ba"という。

2 入社 / 着任 / 就任

関連表現

今回、皆様と一緒に仕事ができることを大変嬉しく思っております。
这次我能跟各位一起工作，感到非常高兴。
Zhèi cì wǒ néng gēn gèwèi yìqǐ gōngzuò, gǎndào fēicháng gāoxìng.

中国における業務の拡大は、日本の本部から大変注目されております。
中国的业务发展受到日本总部的很大关注。
Zhōngguó de yèwù fāzhǎn shòudào Rìběn zǒngbù de hěn dà guānzhù.

何か意見や提案があれば何でも話してください。
如果有什么意见或建议，请不必客气地提出来。
Rúguǒ yǒu shénme yìjiàn huò jiànyì, qǐng búbì kèqi de tíchulai.

2 入社 / 着任 / 就任

2-6 就職面接での自己アピール

日本を飛び出して中国で就職する日本人も増えてきています。中国語で自分のスキルや経験を売り込んでみましょう。

🔊 **Track 12**

你好。我叫村上英夫。
Nǐhǎo. Wǒ jiào Cūnshàng Yīngfū.

我以前在日本做过五年的销售工作，
Wǒ yǐqián zài Rìběn zuòguo wǔ nián de xiāoshòu gōngzuò,

对于面向日资企业的销售工作，我很有信心。
duìyú miànxiàng Rìzī qǐyè de xiāoshòu gōngzuò, wǒ hěn yǒu xìnxīn.

据我了解，贵公司的很多客户是日资企业。
Jù wǒ liǎojiě, guìgōngsī de hěn duō kèhù shì Rìzī qǐyè.

所以我相信我一定能在贵公司的销售业务当中作出很大的贡献。
Suǒyǐ wǒ xiāngxìn wǒ yídìng néng zài guìgōngsī de xiāoshòu yèwù dāngzhōng zuòchu hěn dà de gòngxiàn.

日本語訳

こんにちは。私は村上英夫と申します。
私は日本で営業の仕事を5年間担当したことがありますので、日本の企業向けの売り込みには自信があります。
御社のお客様には日系企業が多いとのことですので、私は御社の営業面で大いにお役に立てるものと確信しています。

語注・解説

销售 xiāoshòu
「販売する」

▶ "销路 xiāolù" は「販路」。また、「購入する」は "购买 gòumǎi"。

日资企业 Rìzī qǐyè
「日本からの進出企業」「日系企業」

有信心 yǒu xìnxīn
「自信がある」

▶ "有把握 yǒu bǎwò" とも。「自信をなくす」は "失去信心 shīqù xìnxīn" または "丧失信心

2 入社 / 着任 / 就任

sàngshī xìnxīn" などという。

据我了解 jù wǒ liǎojiě
「私の理解では」「自分の知っている限りでは」

▶ "据 jù" は「～に基づいて」の意。

▶ "据说 jùshuō" "听说 tīngshuō" 「聞くところによると」という表現も覚えておくと便利。

作出贡献 zuòchu gòngxiàn
「貢献する」「役に立つ」

関連表現

私が求人に応募したのは、大学で学んだ専門知識をフルに発揮するためです。
我应聘是为了充分发挥我在大学所学的专业知识。
Wǒ yìngpìn shì wèile chōngfèn fāhuī wǒ zài dàxué suǒ xué de zhuānyè zhīshi.

私は自分の健康には自信があります。
我对自己的身体健康[＝对自己的健康状况]很有把握。
Wǒ duì zìjǐ de shēntǐ jiànkāng [＝duì zìjǐ de jiànkāng zhuàngkuàng] hěn yǒu bǎwò.

苦しくても頑張る気持ちだけはあるので、私は決して誰にも負けません。
因为有艰苦奋斗的精神，所以我绝不会输给任何人。
Yīnwei yǒu jiānkǔ fèndòu de jīngshén, suǒyǐ wǒ jué bú huì shūgěi rènhé rén.

アメリカ留学の経験を生かし、国際的なビジネスマンとして活躍するのが私の夢です。
充分发挥美国留学经验，作为国际商务人员一展身手，这就是我的理想。
Chōngfèn fāhuī Měiguó liúxué jīngyàn, zuòwéi guójì shāngwù rényuán yì zhǎn shēnshǒu, zhè jiù shì wǒ de lǐxiǎng.

大学のサッカーサークルではキャプテンを務めていました。そのリーダーシップを仕事でも発揮できることを願っています。
我在大学的足球校队当过队长，我希望在工作方面能发挥我的领导作用。
Wǒ zài dàxué de zúqiú xiàoduì dāngguo duìzhǎng, wǒ xīwàng zài gōngzuò fāngmiàn néng fāhuī wǒ de lǐngdǎo zuòyòng.

3 離任 / 帰国 / 退職

3-1 社内での離任挨拶

3年間の駐在を終えて日本に帰任する際の挨拶です。お世話になったことに対する感謝の気持ちを伝えましょう。

🔊 Track 13

今天谢谢大家过来看我。
Jīntiān xièxie dàjiā guòlai kàn wǒ.

我在四月一日要调回东京总部了。
Wǒ zài sìyuè yī rì yào diàohuí Dōngjīng zǒngbù le.

非常感谢各位对我的关照。
Fēicháng gǎnxiè gèwèi duì wǒ de guānzhào.

这三年过得非常快。我刚到任时，无论在工作方面
Zhèi sān nián guòde fēicháng kuài. Wǒ gāng dàorèn shí, wúlùn zài gōngzuò fāngmiàn

还是在生活方面，我一窍不通给各位添了很大的麻烦。
háishi zài shēnghuó fāngmiàn, wǒ yí qiào bù tōng gěi gèwèi tiānle hěn dà de máfan.

但是在各位的热情支持下很快就习惯了。
Dànshì zài gèwèi de rèqíng zhīchí xià hěn kuài jiù xíguàn le.

现在总算顺利地度过了这三年。
Xiànzài zǒngsuàn shùnlì de dùguole zhèi sān nián.

我回日本后，在中国室工作。
Wǒ huí Rìběn hòu, zài Zhōngguóshì gōngzuò.

所以出差来的机会也会很多，以后还请多关照。
Suǒyǐ chūchāi lái de jīhuì yě huì hěn duō, yǐhòu hái qǐng duō guānzhào.

[日本語訳]

本日は私のためにお集まりくださり、どうもありがとうございます。
4月1日に東京本社に戻ることになりました。皆様には大変お世話になりました。
あっという間の3年でした。最初こちらへは来たときは、仕事面でも生活面でも、右も左もわからず皆様にご迷惑ばかりおかけしていましたが、皆様の温かいご支援のおかげですぐに慣れ、なんとか無事に3年間を過ごすことができました。
日本帰国後も中国室の仕事です。出張で来る機会も多いと思いますので、これからもよろしくお願いします。

3 離任 / 帰国 / 退職

語注・解説

一窍不通 yí qiào bù tōng
「全くわからない」

▶ "一无所知 yì wú suǒ zhī" ともいう。
- ●我对中国历史一窍不通。Wǒ duì Zhōngguó lìshǐ yí qiào bù tōng. 「私は中国の歴史が全くわからない。」

给 gěi **～添麻烦** tiān máfan
「～に面倒をかける」「～にお手数をかける」

▶ なお、"麻烦你了 máfan nǐ le" は「お手数をおかけしました」とお詫びする表現。

总算 zǒngsuàn
「なんとか」「かろうじて」
- ●我儿子总算考上了大学。Wǒ érzi zǒngsuàn kǎoshangle dàxué. 「息子はどうにか大学に受かった。」

関連表現

本日はこのようなすばらしい送別会を開いてくださり、感謝申し上げます。
非常感谢今天为我举行如此盛大的欢送会。
Fēicháng gǎnxiè jīntiān wèi wǒ jǔxíng rúcǐ shèngdà de huānsònghuì.

再び皆さんと一緒に働く機会があることを願っています。
我希望以后再有机会和大家一起工作。
Wǒ xīwàng yǐhòu zài yǒu jīhuì hé dàjiā yìqǐ gōngzuò.

コラム

"添麻烦" の誤訳

1972年9月、日中国交回復交渉のために訪中した田中角栄総理（当時）の挨拶「わが国が中国国民に多大なご迷惑をおかけしたことについて、私は改めて深い反省の念を表明するものであります」を、通訳が "我国给中国国民添了很大的麻烦，对此我再次表示深切的反省之意。Wǒ guó gěi Zhōngguó guómín tiānle hěn dà de máfan, duì cǐ wǒ zàicì biǎoshì shēnqiè de fǎnxǐng zhī yì." と訳してしまったため、中国側出席者の猛烈な反発を買ってしまった逸話は有名です。"添麻烦" は、「手間を取らせる、面倒をかける」程度の意味合いで、この場合は不適切でした。

3 離任 / 帰国 / 退職

3-2 取引先への離任挨拶

任期を終えて帰国する際の取引先への挨拶です。これまでの支援へのお礼を述べるとともに、これからの協力を依頼します。

🔊 Track 14 ··

因公司十二月份的人事调动，我要回日本了。
Yīn gōngsī shí'èryuèfèn de rénshì diàodòng, wǒ yào huí Rìběn le.

两年来我参加了公司的启动工作。在贵公司的大力配合下，
Liǎng nián lái wǒ cānjiāle gōngsī de qǐdòng gōngzuò. Zài guìgōngsī de dàlì pèihé xià,

工厂的生产活动总算上了轨道。
gōngchǎng de shēngchǎn huódòng zǒngsuàn shàngle guǐdào.

随着中国经济的不断发展，我相信公司业务
Suízhe Zhōngguó jīngjì de búduàn fāzhǎn, wǒ xiāngxìn gōngsī yèwù

今后也会有很大的发展。
jīnhòu yě huì yǒu hěn dà de fāzhǎn.

希望你们日后一如既往地给以支持和指导。
Xīwàng nǐmen rìhòu yì rú jì wǎng de gěiyǐ zhīchí hé zhǐdǎo.

今后我出差来中国的机会也会很多。请多关照。
Jīnhòu wǒ chūchāi lái Zhōngguó de jīhuì yě huì hěn duō. Qǐng duō guānzhào.

日本語訳

12月の人事異動で日本に戻ることになりました。
2年間こちらで会社立ち上げの仕事をさせていただきましたが、御社のご協力により、何とか工場の製造も軌道に乗りました。
中国経済の更なる発展に伴い、当社のビジネスも今後大きく伸びるものと確信しています。是非とも皆様からの引き続きのご支援とご指導をお願い申し上げます。
これからも出張で中国に来る機会も多いと思いますので、よろしくお願いします。

語注・解説

启动 qǐdòng
「立ち上げる」「起動する」
● 请先启动一下发动机。Qǐng xiān qǐdòng yíxià fādòngjī. 「まず最初にエンジンを始動してください。」

3 離任 / 帰国 / 退職

上轨道 shàng guǐdào
「軌道に乗る」
▶ "上正轨 shàng zhèngguǐ"「正しい軌道に乗る」ともいえる。

一如既往 yì rú jì wǎng
「これまで通り」

给以 gěiyǐ ～
「～を与える」「～をくださる」
▶ 後ろに抽象名詞や動作名詞を伴なう。動作名詞を伴なう場合は「～していただく」「～してくださる」という意味になり、語調を整えフォーマルなニュアンスとなる。

関連表現

数年は赤字続きでしたが、5年間頑張ってようやく黒字化し、軌道に乗り始めました。
连续亏损几年，但是经过五年的努力，总算扭亏为盈，开始上了正轨。
Liánxù kuīsǔn jǐ nián, dànshì jīngguò wǔ nián de nǔlì, zǒngsuàn niǔkuī wéi yíng, kāishǐ shàngle zhèngguǐ.

皆様のご協力がなければ、こんなに順調にいくことはありませんでした。
如果没有各位的支持，决不会这么顺利。
Rúguǒ méi yǒu gèwèi de zhīchí, jué bú huì zhème shùnlì.

本当にどう感謝したらいいのかわかりません。
真不知道应该怎么感谢才好。
Zhēn bù zhīdào yīnggāi zěnme gǎnxiè cái hǎo.

3 離任 / 帰国 / 退職

3-3 後任者の紹介

帰国前に、自分の後任者を取引先に紹介する場面です。後任者の経歴や、仕事の経験について簡単に話します。

🔊 **Track 15**

请允许我介绍一下我的后任者。
Qǐng yǔnxǔ wǒ jièshào yíxià wǒ de hòurènzhě.

她叫渡边，跟我一样是从东京总部的国际业务部来的。
Tā jiào Dùbiān, gēn wǒ yíyàng shì cóng Dōngjīng zǒngbù de guójì yèwùbù lái de.

她念大学的时候曾经在北京留学过一年，擅讲汉语，
Tā niàn dàxué de shíhou céngjīng zài Běijīng liúxuéguo yì nián, shàn jiǎng Hànyǔ,

在我们公司有十年的业务经验，
zài wǒmen gōngsī yǒu shí nián de yèwù jīngyàn,

所以我认为她是这边工作的理想人选。
suǒyǐ wǒ rènwéi tā shì zhèbiān gōngzuò de lǐxiǎng rénxuǎn.

今后由她来负责和贵公司业务联系，请多多指教。
Jīnhòu yóu tā lái fùzé hé guìgōngsī yèwù liánxì, qǐng duōduō zhǐjiào.

日本語訳

私の後任を紹介させていただきます。
彼女は渡辺と申しまして、私と同じ東京本社の国際業務部から参りました。
彼女は学生時代に1年間北京に留学したこともあり中国語が堪能で、10年の業務経験がありますので、こちらの仕事にうってつけだと思っております。
今後、彼女が御社担当として連絡をとらせていただきますので、よろしくお願い申し上げます。

語注・解説

后任者 hòurènzhě
「後任」「後任者」

▶ "继任人 jìrènrén" ともいう。なお、「前任」は "前任 qiánrèn"。

擅讲汉语 shàn jiǎng Hànyǔ
「中国語が堪能だ」「中国語を流暢に話す」

▶ "擅 shàn ～" で「～に長けている」の意。

3 離任 / 帰国 / 退職

理想人选 lǐxiǎng rénxuǎn
「うってつけの人選」

由 yóu ～
「～によって（…する）」「～が（…する）」
▶動詞の前に用い、動作の主体を示す。

関連表現

中国のローカルスタッフが育って参りましたので、日本からの後任者は派遣せず、これからは中国人スタッフで対応することになりました。
因为中国本地员工经过培训有了提高，所以我们不准备从日本派遣继任人，今后业务都由中国员工来负责。
Yīnwei Zhōngguó běndì yuángōng jīngguò péixùn yǒule tígāo, suǒyǐ wǒmen bù zhǔnbèi cóng Rìběn pàiqiǎn jìrènrén, jīnhòu yèwù dōu yóu Zhōngguó yuángōng lái fùzé.

後任者にとって、この分野は初めてですが、彼は真面目な人間ですので、すぐにこの仕事をこなせると思っています。
对后任者来说，这是一个新的领域，但是他是个工作非常认真的人，所以我想他能很快胜任［＝掌握］这个工作。
Duì hòurènzhě lái shuō, zhè shì yí ge xīn de lǐngyù, dànshì tā shì ge gōngzuò fēicháng rènzhēn de rén, suǒyǐ wǒ xiǎng tā néng hěn kuài shèngrèn［＝zhǎngwò］zhèige gōngzuò.

もし不都合なことがありましたら、いつでもEメールでお知らせください。
如果有什么不妥［＝不合适］的地方，请随时用电子邮件跟我联系。
Rúguǒ yǒu shénme bùtuǒ［＝bù héshì］de dìfang, qǐng suíshí yòng diànzǐ yóujiàn gēn wǒ liánxì.

3 | 離任 / 帰国 / 退職

3-4 留学生の帰国挨拶

日本人留学生が中国から帰国する前の挨拶です。クラスメイトとの別れを惜しむ気持ちを伝え、「これからも連絡をとりあいたい」という希望を述べます。諺の引用の仕方も覚えましょう。

🔊 Track 16

同学们，我即将完成半年的留学生活，
Tóngxuémen, wǒ jíjiāng wánchéng bàn nián de liúxué shēnghuó,

下个星期就要回国了。时间过得真快。
xiàgexīngqī jiù yào huíguó le. Shíjiān guòde zhēn kuài.

正像中国有句谚语说的"光阴似箭"。确实如此。
Zhèng xiàng Zhōngguó yǒu jù yànyǔ shuō de "guāng yīn sì jiàn". Quèshí rúcǐ.

我刚来这里的时候，因为听不懂汉语
Wǒ gāng lái zhèli de shíhou, yīnwei tīngbudǒng Hànyǔ

所以去哪里都少不了各位的帮助。
suǒyǐ qù nǎli dōu shǎobuliǎo gèwèi de bāngzhù.

但是现在无论到哪里都可以一个人乘坐公交车去了。
Dànshì xiànzài wúlùn dào nǎli dōu kěyǐ yí ge rén chéngzuò gōngjiāochē qù le.

我很舍不得和大家分手，希望今后我们还能保持联系。
Wǒ hěn shěbude hé dàjiā fēnshǒu, xīwàng jīnhòu wǒmen hái néng bǎochí liánxì.

谢谢大家。
Xièxie dàjiā.

日本語訳

皆さん、まもなく半年間の留学生活が終わり来週帰国することになりました。
時間が経つのは早いもので、中国に「光陰矢の如し」という諺がありますが、全くその通りでした。
こちらに来たばかりの頃は、中国語が聞き取れず、どこに行くのも皆さんに助けていただきましたが、今ではどこでも一人でバスに乗って行くことができるようになりました。
皆さんとお別れするのは寂しいですが、これからも連絡をとりあうことができればと願っています。ありがとうございました。

3 離任 / 帰国 / 退職

語注・解説

正像中国有句谚语说的 zhèng xiàng Zhōngguó yǒu jù yànyǔ shuō de 〜
「中国の諺にもありますように〜」

▶ 諺を引用する際の表現。似た表現で、"**中国有句谚语说** Zhōngguó yǒu jù yànyǔ shuō 〜"「中国の諺に〜というのがあります」という言い方も、諺を引用するときの決まり文句としてよく使う。

光阴似箭 guāng yīn sì jiàn
「光陰矢の如し」

▶ "光阴 guāngyīn" は「光陰」「時間」「月日」の意。

▶ ほかに、"日月如梭 rì yuè rú suō"「月日は梭（ひ）の如し」「月日が経つのは早い」という言い方もある。

确实如此 quèshí rúcǐ
「確かにその通りだ」

▶ "如此 rúcǐ" は「このようである」「そのようである」という意味。

少不了 shǎobuliǎo
「欠くことができない」

● 要做生意少不了请客吃饭。Yào zuò shēngyi shǎobuliǎo qǐngkè chīfàn.「商売をするには接待は欠かせません。」

公交车 gōngjiāochē
「路線バス」

▶ このほか、"公交 gōngjiāo" "公共汽车 gōnggòng qìchē" "巴士 bāshì" とも言える。

● 今天我没坐公交，是骑车来的。Jīntiān wǒ méi zuò gōngjiāo, shì qíchē lái de.「今日私はバスでなく自転車で来ました。」

舍不得 shěbude 〜
「〜するのが惜しい」；「離れがたい」

● 我舍不得穿这套新衣服。Wǒ shěbude chuān zhèi tào xīn yīfu.「私はこの新しい服を着るのが惜しい。」

● 我实在舍不得你。Wǒ shízài shěbude nǐ.「本当に君と別れがたいです。」

和 hé 〜**分手** fēnshǒu
「〜と別れる」

▶ "分手 fēnshǒu" は、「(恋人・夫婦が) 別れる」という意味でも使う。

▶ "和 hé" の代わりに "跟 gēn" と言っても同じ。

保持联系 bǎochí liánxì
「連絡をとりあう」

▶ "保持 bǎochí" は「保つ」「持ち続ける」「維持する」という意味。
- 即使回国以后，我们也可以通过电子邮件随时保持联系。Jíshǐ huíguó yǐhòu, wǒmen yě kěyǐ tōngguò diànzǐ yóujiàn suíshí bǎochí liánxì. 「帰国しても、いつでもEメールで連絡をとりあうことができます。」

関連表現

俗に「会うは別れの始め」といいますが、とうとうお別れの日が来てしまいました。
俗话说"有聚必有散"，终于到了离别的时候。
Súhuà shuō "yǒu jù bì yǒu sàn", zhōngyú dàole líbié de shíhou.

日本で卒業後、中国関係の仕事に就き、今度は出張で中国に来て皆さんと再会したいと思います。
我希望在日本学校毕业后，从事和中国有关的工作，到时来中国出差，与各位相聚。
Wǒ xīwàng zài Rìběn xuéxiào bìyè hòu, cóngshì hé Zhōngguó yǒuguān de gōngzuò, dào shí lái Zhōngguó chūchāi, yǔ gèwèi xiāngjù.

帰国後も中国語の勉強を続け、将来は中日両国の友好の懸け橋となりたいと願っています。
希望回国后，继续学习汉语，将来能为中日友好起桥梁作用。
Xīwàng huíguó hòu, jìxù xuéxí Hànyǔ, jiānglái néng wèi Zhōng Rì yǒuhǎo qǐ qiáoliáng zuòyòng.

中国に「百聞は一見に如かず」という諺がありますが、正に来てみて初めて中国のたくさんの実情がわかりました。
中国有句谚语说"百闻不如一见"。只有亲自来到中国才了解了许多实际情况。
Zhōngguó yǒu jù yànyǔ shuō "bǎi wén bù rú yí jiàn". Zhǐyǒu qīnzì láidào Zhōngguó cái liǎojiěle xǔduō shíjì qíngkuàng.

こちらにいる間、本当にたくさんの思い出ができました。
我在这里确实留下了不少的回忆。
Wǒ zài zhèli quèshí liúxiale bùshǎo de huíyì.

本当に去りがたい気持ちで一杯です。
真舍不得离开这里。／真是恋恋不舍。
Zhēn shěbude líkāi zhèli. / Zhēn shì liàn liàn bù shě.

3 離任 / 帰国 / 退職

皆さんが日本に来るときは、ぜひ連絡してください。
各位来日本的时候，一定跟我联系。
Gèwèi lái Rìběn de shíhou, yídìng gēn wǒ liánxì.

またいつかお目にかかりましょう。
后会有期吧。
Hòu huì yǒu qī ba.

コラム

よく使われる諺

スピーチやフォーマルな場面の挨拶では、諺がよく使われます。この機会に是非覚えておきましょう。

"百闻不如一见 bǎi wén bù rú yí jiàn"「百聞は一見に如かず」

"有朋自远方来，不亦乐乎 yǒu péng zì yuǎnfāng lái, bú yì lè hū"「朋あり遠方より来る、また楽しからずや」

"酒逢知己千杯少，话不投机半句多 jiǔ féng zhījǐ qiān bēi shǎo, huà bù tóujī bàn jù duō"「気が合った仲間とはいくらでも飲めるが、話の合わない人なら少しもしゃべりたくない」

"上有天堂，下有苏杭 shàng yǒu tiāntáng, xià yǒu Sū Háng"「天上に極楽あり、地上に蘇州杭州あり」（＊風光明媚な蘇州、杭州をたたえることば）

"有聚必有散 yǒu jù bì yǒu sàn"「会うは別れの始め」

"光阴似箭，日月如梭 guāng yīn sì jiàn, rì yuè rú suō"「光陰矢の如し、月日は梭（ひ）の如し」

3 離任 / 帰国 / 退職

3-5 定年退職の挨拶

会社を定年退職する際の挨拶です。職場への感謝と皆様の健勝を祈ります。

🔊 Track 17

各位同事，今天我就年满退休了。
Gèwèi tóngshì, jīntiān wǒ jiù niánmǎn tuìxiū le.

进入公司以来的三十五年我能够圆满地履行公司职责，
Jìnrù gōngsī yǐlái de sānshiwǔ nián wǒ nénggòu yuánmǎn de lǚxíng gōngsī zhízé,

应归功于各位对我的支持和帮助。对此我表示衷心的感谢。
yīng guīgōngyú gèwèi duì wǒ de zhīchí hé bāngzhù. Duì cǐ wǒ biǎoshì zhōngxīn de gǎnxiè.

我今后要充分发挥我的经验和专业知识，
Wǒ jīnhòu yào chōngfèn fāhuī wǒ de jīngyàn hé zhuānyè zhīshi,

在人才培养方面开展工作。
zài réncái péiyǎng fāngmiàn kāizhǎn gōngzuò.

我衷心祝愿各位身体健康，万事如意。
Wǒ zhōngxīn zhùyuàn gèwèi shēntǐ jiànkāng, wàn shì rú yì.

日本語訳

皆様、本日を持ちまして定年退職いたします。
入社以来35年順調に職務を果たすことができましたのは、ひとえに皆様のご支援とご協力の賜物であったと心より感謝申し上げます。
今後はこれまでの経験とノウハウを活かしながら、人材育成分野で仕事をする所存です。皆様のご健勝とご多幸を心よりお祈り申し上げております。

語注・解説

圆满地 yuánmǎn de
「円満に」
▶ また、"顺利地 shùnlì de" は「順調に」の意。

履行公司职责 lǚxíng gōngsī zhízé
「会社の職務を果たす」

归功于 guīgōngyú 〜
「〜のおかげだ」

3 離任 / 帰国 / 退職

▶ "多亏了 duōkuīle 〜" ともいえる。

充分发挥 chōngfèn fāhuī
「十分に発揮する」

人才培养 réncái péiyǎng
「人材育成」

开展工作 kāizhǎn gōngzuò
「仕事を行なう」

▶ "开展 kāizhǎn" は「展開する」「繰り広げる」「積極的に行なう」の意。

衷心祝愿 zhōngxīn zhùyuàn
「心からお祈りする」

身体健康，万事如意 shēntǐ jiànkāng, wàn shì rú yì
「体が健康で、何事も思い通りに行く」

▶ 決まり文句として覚えておこう。

関連表現

今後もこれまで通り、よい友人として付き合っていきましょう。
今后我们一如既往，继续做好朋友。
Jīnhòu wǒmen yì rú jì wǎng, jìxù zuò hǎo péngyou.

会社がずっと発展することを心からお祈りしています。
我衷心祝愿我们公司不断发展。
Wǒ zhōngxīn zhùyuàn wǒmen gōngsī búduàn fāzhǎn.

いつの日か再会の日を楽しみにしています。
我盼望有朝一日，我们能再次相见。
Wǒ pànwàng yǒu zhāo yí rì, wǒmen néng zàicì xiāngjiàn.

3 離任／帰国／退職

3-6 卒業の挨拶

卒業の日の挨拶です。恩師への感謝の気持ちや今後の抱負を述べます。

🔊 **Track 18** ••

各位老师、各位同学，今天终于迎来了毕业的日子。
Gèwèi lǎoshī, gèwèi tóngxué, jīntiān zhōngyú yínglaile bìyè de rìzi.

这四年在老师们的热情指导下，
Zhè sì nián zài lǎoshīmen de rèqíng zhǐdǎo xià,

也在同学们的大力支持下，我能够顺利地完成了学业。
yě zài tóngxuémen de dàlì zhīchí xià, wǒ nénggòu shùnlì de wánchéngle xuéyè.

今后我作为社会的一员迈出新的一步。
Jīnhòu wǒ zuòwéi shèhuì de yì yuán màichu xīn de yí bù.

我要充分发挥在大学学到的知识，为社会的发展作出贡献。
Wǒ yào chōngfèn fāhuī zài dàxué xuédào de zhīshi, wèi shèhuì de fāzhǎn zuòchu gòngxiàn.

非常感谢大家，祝愿各位身体健康，工作顺利，事事如意。
Fēicháng gǎnxiè dàjiā, zhùyuàn gèwèi shēntǐ jiànkāng, gōngzuò shùnlì, shì shì rú yì.

日本語訳

先生方、同級生の皆様、本日卒業の日を迎えることになりました。
この4年間、先生方の熱心なご指導と同級生の皆さんのご支援により、無事学業を終えることができました。
これから社会人として新たな一歩を踏み出します。大学で学んだ知識を十分に生かして社会に貢献してまいりたいと思っております。
本当にありがとうございました。皆様のご健勝とご多幸をお祈り申し上げます。

語注・解説

终于迎来 zhōngyú yínglai 〜（**的日子** de rìzi）
「ついに〜（の日）を迎える」
　●今天终于迎来了百年校庆（的日子）。Jīntiān zhōngyú yínglaile bǎi nián xiàoqìng (de rìzi). 「本日いよいよ学校創立100周年（の日）を迎えることになりました。」

迈出 màichu
「前に歩を進める」「足を踏み出す」
　●迈出了实现计划的第一步。Màichule shíxiàn jìhuà de dì yī bù. ／为了实现计划迈出了第一步。Wèile shíxiàn jìhuà màichule dì yī bù. 「計画実現のための第一歩を踏み出

3 離任 / 帰国 / 退職

した。」

工作顺利，事事如意 gōngzuò shùnlì, shì shì rú yì
「仕事が順調で、何事も思い通りになる」

▶ 手紙の末尾などでもよく使う表現。

関連表現

このような素晴らしい先生方、友人の皆さんと一緒に勉強することができて、本当に幸せでした。
我能跟这么好的老师们、同学们一起学习，感到无比的幸福。
Wǒ néng gēn zhème hǎo de lǎoshīmen, tóngxuémen yìqǐ xuéxí, gǎndào wúbǐ de xìngfú.

このご恩は一生忘れません。
您的恩情我一辈子也忘不了。
Nín de ēnqíng wǒ yíbèizi yě wàngbuliǎo.

優れた学生は優れた教師より出ずる。
名师[≒高师 / 严师]出高徒。
Míngshī [≒Gāoshī/Yánshī] chū gāotú.

青は藍より出でて藍よりも青し。
青出于蓝，而胜于蓝。
Qīng chūyú lán, ér shèngyú lán.

第2章

プレゼンテーション／
会議での司会とスピーチ

4 プレゼンテーション

4-1 始めに

プレゼンテーション開始にあたり、まず最初に何を述べるかを紹介します。「3つのポイントで話します」というふうに、あらかじめいくつのポイントがあるかを示しておくと、聞き手も心の準備ができ、プレゼンの途中でどこの位置付けの話をしているのか聞きやすくなります。また聞き手側に質問があった場合、いつ質問できるのかについても先に述べておいたほうがいいでしょう。

🔊 **Track 19**

下面由我说明一下新产品在中国市场的投入计划。
Xiàmian yóu wǒ shuōmíng yíxià xīn chǎnpǐn zài Zhōngguó shìchǎng de tóurù jìhuà.

我从三个方面说明为什么现在应该把新产品投入中国市场。
Wǒ cóng sān ge fāngmiàn shuōmíng wèi shénme xiànzài yīnggāi bǎ xīn chǎnpǐn tóurù Zhōngguó shìchǎng.

第一点是中国市场的现状和需求，第二点是我们
Dì yī diǎn shì Zhōngguó shìchǎng de xiànzhuàng hé xūqiú, dì èr diǎn shì wǒmen

新产品的特点，最后一点是新产品的销售计划和服务。
xīn chǎnpǐn de tèdiǎn, zuìhòu yì diǎn shì xīn chǎnpǐn de xiāoshòu jìhuà hé fúwù.

如果有问题的话，我想在说明完了以后统一答疑可以吗？
Rúguǒ yǒu wèntí de huà, wǒ xiǎng zài shuōmíng wánle yǐhòu tǒngyī dáyí kěyǐ ma?

[日本語訳]
それでは、新製品の中国市場投入計画についてご説明いたします。
なぜ今のタイミングで新製品を中国市場に展開すべきか、3つの面からお話したいと思います。
まず1つ目は中国市場の現状およびニーズについて、2つ目は当社新製品の特長について、そして最後は新製品の販売計画とサービスについてです。
質問がございましたら、プレゼンテーションの後でまとめてお答えしたいと思いますがよろしいでしょうか？

[語注・解説]

从三个方面说明 cóng sān ge fāngmiàn shuōmíng
「3つの面から説明する」

▶まずこのように言った後で、"第一点是 dì yī diǎn shì 〜"「1つ目は〜」、"第二点是 dì èr diǎn shì 〜"「2つ目は〜」、"最后一点是 zuìhòu yì diǎn shì 〜"「最後は〜」のように続けて、要点を提示していく。

需求 xūqiú
「ニーズ」「需要」

▶「ニーズを満たす」は "满足需求 mǎnzú xūqiú"、「需要が増える[減る]」は "需求增加[减少] xūqiú zēngjiā [jiǎnshǎo]" という。

服务 fúwù
「サービス」「サポート」

答疑 dáyí
「疑問に答える」

▶ "回答 huídá"「回答する」と言っても同じ。また、「質疑応答」は "提问解答 tíwèn jiědá" という。

関連表現

皆様お揃いのようですので、始めさせていただきます。
大家都到齐了，现在开始吧。
Dàjiā dōu dàoqí le, xiànzài kāishǐ ba.

本日、会社幹部の皆様に私の案をご紹介する機会を得ましたこと、心より嬉しく思います。
今天非常高兴有机会向公司的各位领导介绍我的方案。
Jīntiān fēicháng gāoxìng yǒu jīhuì xiàng gōngsī de gèwèi lǐngdǎo jièshào wǒ de fāng'àn.

これから20分ほどお話しさせていただきます。
下面我的讲话时间大约二十分钟左右。
Xiàmian wǒ de jiǎnghuà shíjiān dàyuē èrshí fēnzhōng zuǒyòu.

皆様、資料を1部ずつお持ちでしょうか？
每人都有一份资料了吗？
Měirén dōu yǒu yí fèn zīliào le ma?

私は中国語が下手なので、ここからは通訳を介してお話したいと思います。
因为我的汉语水平很低，接下来想借助翻译来说明。
Yīnwei wǒ de Hànyǔ shuǐpíng hěn dī, jiēxialai xiǎng jièzhù fānyì lái shuōmíng.

4 プレゼンテーション

4-2 グラフを使った説明

グラフを使ってプレゼンテーションをする際は、まずグラフの縦軸と横軸が何を表しているか説明し、聞き手がグラフの内容を十分理解した後、自分の意見を述べましょう。

🔊 Track 20 ・・

请看一下这张投影。这是市场的增长表。
Qǐng kàn yíxià zhèi zhāng tóuyǐng. Zhè shì shìchǎng de zēngzhǎngbiǎo.

纵轴是销售金额，横轴是年份。
Zòngzhóu shì xiāoshòu jīn'é, héngzhóu shì niánfèn.

一目了然，最近几年，高端产品的销售金额急剧增长。
Yí mù liǎo rán, zuìjìn jǐ nián, gāoduān chǎnpǐn de xiāoshòu jīn'é jíjù zēngzhǎng.

这说明中国客户已经不满足于传统的单一功能产品，
Zhè shuōmíng Zhōngguó kèhù yǐjīng bù mǎnzúyú chuántǒng de dānyī gōngnéng chǎnpǐn,

而是追求多功能产品。
ér shì zhuīqiú duōgōngnéng chǎnpǐn.

我们的新产品就是瞄准这个市场的。
Wǒmen de xīn chǎnpǐn jiù shì miáozhǔn zhèige shìchǎng de.

[日本語訳]

こちらのスライドをご覧ください。これは市場の伸びを表したグラフです。

縦軸は販売金額、横軸は年度です。

ご覧の通り、ここ数年ハイエンド製品の売上が急速に伸びています。

これは、中国のお客様が従来の単一機能の製品では満足できず、多機能製品を求めていることを示しています。

我々の新製品はまさにこのマーケットを狙ったものです。

[語注・解説]

一目了然 yí mù liǎo rán
「見てすぐにわかる」「一目瞭然」

高端产品 gāoduān chǎnpǐn
「ハイエンド製品」「上位機種」

▶「ローエンド製品」「下位機種」は"**低端产品** dīduān chǎnpǐn"。

満足于 mǎnzúyú 〜
「〜に満足する」

▶ "于 yú" は省略されることもある。また、「〜を満足させる」「〜を満たす」という場合は "满足 mǎnzú 〜"。

传统 chuántǒng
「従来」；「伝統」

瞄准 miáozhǔn
「狙う」「的を定める」

関連表現

それでは、本題 [次の話題] に移りたいと思います。
现在进入正题 [下个话题] 吧。
Xiànzài jìnrù zhèngtí [xià ge huàtí] ba.

お手元の資料の 3 ページの表 1 をご覧ください。
请看一下各位手头资料第三页的附表 1。
Qǐng kàn yíxià gèwèi shǒutóu zīliào dì sān yè de fùbiǎo yī.

ローエンド製品の市場シェアは少しずつ下がっています。
低端产品的市场占有率逐步下降。
Dīduān chǎnpǐn de shìchǎng zhànyǒulǜ zhúbù xiàjiàng.

この製品は今後これ以上の販売量の伸びは期待できません。
这个产品的销量今后不会再增长了。
Zhèige chǎnpǐn de xiāoliàng jīnhòu bú huì zài zēngzhǎng le.

日本の従来製品ではもはや現在の中国市場にマッチしなくなっていることは明らかです。
很明显，日本的传统产品已经不再适合现在的中国市场了。
Hěn míngxiǎn, Rìběn de chuántǒng chǎnpǐn yǐjīng bú zài shìhé xiànzài de Zhōngguó shìchǎng le.

4 プレゼンテーション

4-3 最後に

プレゼンの最後に、例えば諺などをうまく引用して、聞く人の印象に残る言い方ができると説得力も増します。また、聞き手の質問を促し活発な質疑応答につなげましょう。

🔊 **Track 21** ....

我就说明到这里。
Wǒ jiù shuōmíngdào zhèli.

中国有句老话，"天时、地利、人和"。
Zhōngguó yǒu jù lǎohuà, "tiānshí, dìlì, rénhé".

我相信我们在中国市场投入新产品的话，
Wǒ xiāngxìn wǒmen zài Zhōngguó shìchǎng tóurù xīn chǎnpǐn de huà,

现在正是这三个条件已经成熟的最好时期。
xiànzài zhèng shì zhèi sān ge tiáojiàn yǐjīng chéngshú de zuì hǎo shíqī.

我希望公司认可我的计划，让我马上具体行动。
Wǒ xīwàng gōngsī rènkě wǒ de jìhuà, ràng wǒ mǎshàng jùtǐ xíngdòng.

可能有些地方我没有说明得十分清楚，接下来是答疑时间。
Kěnéng yǒuxiē dìfang wǒ méiyou shuōmíngde shífēn qīngchu, jiēxialai shì dáyí shíjiān.

有问题的人请提一下。
Yǒu wèntí de rén qǐng tí yíxià.

[日本語訳]
以上で私からのプレゼンテーションを終わります。

中国に「天の時、地の利、人の和」という古くからの言い方がありますが、新製品を中国市場に投入するには、現在正にこの3つの条件が成熟した絶好のタイミングにあるといえます。是非この計画をご承認いただき、直ちに具体的アクションに入らせていただきたいと思います。

まだ十分にご説明できていない点もあろうかと思いますので、質疑応答に移りたいと思います。どうぞご質問のある方はお願いします。

語注・解説

老话 lǎohuà
「昔から言い伝えられてきたことば」

▶ "谚语 yànyǔ"「諺」や "俗话 súhuà"「俗諺」などと言ってもほぼ同じ。

天时、地利、人和 tiānshí, dìlì, rénhé
「天の時、地の利、人の和」

▶ "天时不如地利。地利不如人和。Tiānshí bùrú dìlì. Dìlì bùrú rénhé."「天の時は地の利に如かず。地の利は人の和に如かず。」という、孟子のことばが出典。

成熟 chéngshú
「（機や条件などが）整う」「成熟する」

関連表現

私からのご説明を終わる前に、私の考えをまとめさせていただきます。
在我的说明结束前，让我总结一下我的观点。
Zài wǒ de shuōmíng jiéshù qián, ràng wǒ zǒngjié yíxià wǒ de guāndiǎn.

最後に、1点だけ補足させていただきます。
最后我想补充说明一点。
Zuìhòu wǒ xiǎng bǔchōng shuōmíng yì diǎn.

不適切なところがありましたら、何なりとご指摘ください。
如果有哪些不合适的地方，请尽管指出。
Rúguǒ yǒu nǎxiē bù héshì de dìfang, qǐng jǐnguǎn zhǐchū.

もし適切でないところがありましたら、ご指摘ください。
如果有不恰当的地方，请提出来。
Rúguǒ yǒu bú qiàdàng de dìfang, qǐng tíchulai.

皆様のご意見を賜りながら、さらに良い案に修正してまいりたいと思います。
我很愿意吸取各位的意见，进一步改进这个方案。
Wǒ hěn yuànyì xīqǔ gèwèi de yìjian, jìn yí bù gǎijìn zhèige fāng'àn.

このご質問については調べてからお答えしたいのですが、よろしいでしょうか？
这个问题，等我查了以后再回答，可以吗?
Zhèige wèntí, děng wǒ chále yǐhòu zài huídá, kěyǐ ma?

とりとめのない話になりましたが、長時間のご辛抱ありがとうございました。
我的讲话有些冗长[＝我不得要领地讲了这么长时间]，让大家受累了。非常感谢。
Wǒ de jiǎnghuà yǒuxiē rǒngcháng [＝Wǒ bù dé yào lǐng de jiǎngle zhème cháng shíjiān], ràng dàjiā shòulèi le. Fēicháng gǎnxiè.

＊ "不得要领 bù dé yào lǐng" は「要領を得ない」の意。

4 プレゼンテーション

時間がきましたので、これで終了させていただきます。ご清聴ありがとうございました。
因为时间到了，我的介绍到此结束。谢谢各位。
Yīnwei shíjiān dào le, wǒ de jièshào dào cǐ jiéshù. Xièxie gèwèi.

コラム

スピーチ・プレゼンの組み立て方

　スピーチやプレゼンテーションをする場合、ただ漠然と話すのではなく、ある程度、型に沿って話すとまとまりやすく、聞き手も楽です。

　伝統的な型としては、中国の絶句の構成である「起」「承」「転」「結」の型があり、① 起（導入部）、② 承（起こした話を展開し）、③ 転（他の視点で述べ）、④ 結（話を結ぶ）とつながります。この起承転結は、もう少しシンプルに① 序論（Introduction）、② 本論（Body）、③ 結論（Conclusion）の3構成でも説明できます。この場合も、本論の中に関連情報として、本論に至る経緯や具体例などを入れることが多く、実質的には、起承転結と同じ4部分の構成で捉えることができます。突然スピーチの指名を受けた際にも、この4点のキーワードのみ素早くメモに書き出して壇上に立つと、慌てることがありません。

　また、当然のことながら、スピーチやプレゼンテーションの聞き手にとっては、単に話の内容だけでなく、話し手の声量、発声法、間の取り方、姿勢、態度、表情、ジェスチャーなども、その印象に大きな影響を与えます。普段スピーチをする機会のない人も、自分の発表を録音、録画して「聞き手」になってみることが上達の近道ではないでしょうか。

5 社内定例会の司会とスピーチ

5-1 定例会冒頭の司会

社内で毎週月曜日に開く定例会議での司会のことばです。冒頭でアジェンダを紹介するとともに、会議の終了予定時間を告げた上で発表者の時間厳守を求めます。

🔊 **Track 22** ・・・

大家早上好。周一例会从现在开始。
Dàjiā zǎoshang hǎo. Zhōuyī lìhuì cóng xiànzài kāishǐ.

今天总经理讲话后有三个报告。
Jīntiān zǒngjīnglǐ jiǎnghuà hòu yǒu sān ge bàogào.

财务部的第一季度结算报告，近藤部长上个星期到日本的
Cáiwùbù de dì yī jìdù jiésuàn bàogào, Jìnténg bùzhǎng shànggexīngqī dào Rìběn de

出差报告，还有总务部的通知。
chūchāi bàogào, hái yǒu zǒngwùbù de tōngzhī.

今天的会议九点半结束。
Jīntiān de huìyì jiǔ diǎn bàn jiéshù.

请每位报告人严格遵守时间，每位限于十五分钟。
Qǐng měi wèi bàogàorén yángé zūnshǒu shíjiān, měi wèi xiànyú shíwǔ fēnzhōng.

下面先请总经理讲话。
Xiàmian xiān qǐng zǒngjīnglǐ jiǎnghuà.

[日本語訳]

皆さん、おはようございます。これから月曜定例会を始めます。
本日は総経理のお話の後、3つの報告事項があります。
財務部からの第一四半期決算報告、近藤部長の先週の日本出張報告、そして総務部門からの連絡事項です。
今日の会議は9時半までですので、各報告者1人15分の時間厳守でお願いします。
それでは、まず総経理からお願いいたします。

[語注・解説]

例会 lìhuì
「定例会」

▶「定例会を開催する」は "**举行例会** jǔxíng lìhuì" という。

5 社内定例会の司会とスピーチ

[関連用語]

「会議を開く」	"召开会议 zhàokāi huìyì"
「会議を行う」	"举行会议 jǔxíng huìyì"
「会議を主催する」	"主持会议 zhǔchí huìyì"
「会議に参加する」	"参加会议 cānjiā huìyì"

报告 bàogào
「報告（する）」

▶ ほかに、"汇报 huìbào" という語もある。

第一季度结算报告 dì yī jìdù jiésuàn bàogào
「第一四半期の決算報告」

▶ "季度 jìdù" は「四半期」の意。なお、「上半期」は "上半年 shàngbànnián"、「下半期」は "下半年 xiàbànnián" という。

▶ 以下の決算・財務関連の語句も覚えておこう。

[関連用語]

「財務諸表」	"财务报表 cáiwù bàobiǎo"
「損益計算書」（＝P/L）	"损益计算表 sǔnyì jìsuànbiǎo"
「バランスシート」（＝B/S）	"借贷平衡表 jièdài pínghéngbiǎo"
＝「貸借対照表」	＝"资产负债表 zīchǎn fùzhàibiǎo"
「資金繰り表」	"资金周转表 zījīn zhōuzhuǎnbiǎo"
＝「キャッシュフロー計算書」	＝"现金流量表 xiànjīn liúliàngbiǎo"
「減価償却」	"折旧 zhéjiù"
「損益分岐点」	"保本点 bǎoběndiǎn" "损益分界点 sǔnyì fēnjièdiǎn"
「連結決算」	"合并决算 hébìng juésuàn"
「会計監査」	"审计 shěnjì"
「予算」	"预算 yùsuàn"

严格遵守时间 yángé zūnshǒu shíjiān
「厳格に時間を守る」

▶ "严格 yángé" は「厳格である」「厳しい」、"遵守 zūnshǒu" は「（ルールなどを）守る」という意味。

限于 xiànyú ～
「～に限る」「～に限られる」

▶ "仅限 jǐn xiàn ～"「～のみに限る」と言っても同じ。

関連表現

今週の販売会議開催は中止とし、次回開催日時は別途連絡します。
这周的销售会议取消，下次召开时间另行通知。
Zhèi zhōu de xiāoshòu huìyì qǔxiāo, xiàcì zhàokāi shíjiān lìngxíng tōngzhī.

時間通りご参集願います。
请大家准时参加。
Qǐng dàjiā zhǔnshí cānjiā.

会議の開始時間を 30 分繰り上げます [繰り下げます]。
开会时间提前 [推迟] 半个小时。
Kāihuì shíjiān tíqián [tuīchí] bàn ge xiǎoshí.

コラム

会議の名称いろいろ

　会社ではさまざまな会議がありますが、中国の法律で定められた会議は"**董事会** dǒngshìhuì"「取締役会」です。これは、"**董事长** dǒngshìzhǎng"「取締役会長」が会社の"**董事**"「取締役」を召集し、会社経営の基本的事項を決定するものです。"**总经理** zǒngjīnglǐ"「総経理」は、"**董事会**"の方針に従って会社の日常運営を行うことになります。株式を発行している会社では、"**股东大会** gǔdōng dàhuì"「株主総会」を開催します。

5 社内定例会の司会とスピーチ

5-2 総経理挨拶

社内の会議における総経理のスピーチです。業績の伸びが思わしくなく、社員の改善提案を促します。

🔊 **Track 23**

大家早上好。转眼之间今年已经过去三个月了。
Dàjiā zǎoshang hǎo. Zhuǎnyǎn zhī jiān jīnnián yǐjīng guòqu sān ge yuè le.

后边财务部长会有报告，目前我们的销售和盈亏情况
Hòubian cáiwù bùzhǎng huì yǒu bàogào, mùqián wǒmen de xiāoshòu hé yíngkuī qíngkuàng

和去年同期相比处于同等水平。
hé qùnián tóngqī xiāngbǐ chǔyú tóngděng shuǐpíng.

在中国经济迅速发展的环境下，我们还会有很大的发展空间。
Zài Zhōngguó jīngjì xùnsù fāzhǎn de huánjìng xià, wǒmen hái huì yǒu hěn dà de fāzhǎn kōngjiān.

日本总部也对我们抱着很大的期望。
Rìběn zǒngbù yě duì wǒmen bàozhe hěn dà de qīwàng.

让我们一起献计献策，共同探讨进一步的改进方法吧。
Ràng wǒmen yìqǐ xiàn jì xiàn cè, gòngtóng tàntǎo jìn yí bù de gǎijìn fāngfǎ ba.

谢谢大家。
Xièxie dàjiā.

[日本語訳]

皆さん、おはようございます。早いもので今年も3か月が過ぎました。
後ほど財務部長から報告がありますが、目下のところ売上、損益とも昨年同時期並みです。中国経済が急速に発展する中、我々にはまだたくさんの伸びる余地が残されており、日本の本社からも大いに期待されております。
是非皆で知恵を絞って、さらなる改善方法を検討していきましょう。
以上です。

[語注・解説]

转眼之间 zhuǎnyǎn zhī jiān
「あっという間に」「またたく間に」

▶字義通りには「目を移す間に」という意味。なお、"之间 zhī jiān"は省略して使うこともできる。

●因为第一季度有日本新年和中国春节，转眼之间就要过去了。Yīnwei dì yī jìdù yǒu Rìběn xīnnián hé Zhōngguó Chūnjié, zhuǎnyǎn zhī jiān jiù yào guòqu le.「第一四半期は日本の正月と中国の春節があるので、あっという間に終わってしまいます。」

盈亏 yíngkuī
「損益」
▶ "盈利 yínglì"「利潤」、"亏损 kuīsǔn"「損失を出す」、"扭转盈亏 niǔzhuǎn yíngkuī"「損益を改善する」などの関連語句も覚えておこう。

和 hé 〜相比 xiāngbǐ
「〜と比べて」
▶ "相比 xiāngbǐ" は「比べる」「比較する」という動詞。

处于 chǔyú
「（〜の状態）に置かれている」
　●处于优势［劣势］chǔyú yōushì［lièshì］「優勢［劣勢］にある」

在 zài 〜环境下 huánjìng xià
「〜の状況のもと」
▶ "环境 huánjìng" の代わりに "情况 qíngkuàng" と言うこともできる。

有很大的发展空间 yǒu hěn dà de fāzhǎn kōngjiān
「大きな発展の余地がある」
▶ "空间 kōngjiān" を "余地 yúdì" に言い換えることも可。

对 duì 〜抱着期望 bàozhe qīwàng
「〜に期待を抱いている」
▶ "抱着 bàozhe" を "抱有 bàoyǒu" に言い換えても同じ。
▶ "期望 qīwàng" は、「期待する」という動詞としても使われる。

献计献策 xiàn jì xiàn cè
「アイディアを出す」「知恵を出す」
▶ "献 xiàn" は「ささげる」「出す」の意。
▶「アイディアを出す」は "出主意 chū zhǔyi" という言い方もある。

探讨 tàntǎo
「検討する」「討議する」
▶ "讨论 tǎolùn"「討論する」「討議する」という語もあわせて覚えておこう。

5 社内定例会の司会とスピーチ

関連表現

大きな成果を上げることができたのは皆さんの奮闘のおかげです。
能取得很大成就应归功于大家奋斗到底的结果。
Néng qǔdé hěn dà chéngjiù yīng guīgōngyú dàjiā fèndòu dàodǐ de jiéguǒ.

今は新規市場参入時期ですから、マーケットシェア拡大を目指します。
由于目前我们正处于进入新市场的时期，所以要争取扩大市场占有率。
Yóuyú mùqián wǒmen zhèng chǔyú jìnrù xīn shìchǎng de shíqī, suǒyǐ yào zhēngqǔ kuòdà shìchǎng zhànyǒulǜ.

売上が伸びないなら、経費節減による損益改善を進めるしかありません。
销售额不再增长的情况下，我们只好通过削减经费来扭转盈亏。
Xiāoshòu'é bú zài zēngzhǎng de qíngkuàng xià, wǒmen zhǐhǎo tōngguò xuējiǎn jīngfèi lái niǔzhuǎn yíngkuī.

お客様は神様です。
顾客就是上帝。
Gùkè jiù shì shàngdì.

5 社内定例会の司会とスピーチ

5-3 経理部門報告

定例会での経理部門からの数値報告です。「営業利益」「売掛金」「買掛金」などの用語も覚えましょう。

🔊 **Track 24** ··

下面汇报一下第一季度财务状况。
Xiàmian huìbào yíxià dì yī jìdù cáiwù zhuàngkuàng.

销售总额一千零八十万元，销售成本七百八十万元，
Xiāoshòu zǒng'é yìqiān líng bāshí wàn yuán, xiāoshòu chéngběn qībǎi bāshí wàn yuán,

总经费二百八十三万元。其结果营业利润为十七万元。
zǒngjīngfèi èrbǎi bāshisān wàn yuán. Qí jiéguǒ yíngyè lìrùn wéi shíqī wàn yuán.

虽然销售额和去年同期相比增长了三个百分点，但是因为
Suīrán xiāoshòu'é hé qùnián tóngqī xiāngbǐ zēngzhǎngle sān ge bǎifēndiǎn, dànshì yīnwei

经费有所增加，所以营业利润同期相比，只增长百分之一。
jīngfèi yǒusuǒ zēngjiā, suǒyǐ yíngyè lìrùn tóngqī xiāngbǐ, zhǐ zēngzhǎng bǎi fēn zhī yī.

现金流量方面，有些项目的应收帐款回收较慢，
Xiànjīn liúliàng fāngmiàn, yǒuxiē xiàngmù de yīngshōu zhàngkuǎn huíshōu jiào màn,

希望销售人员多注意一下收款工作。
xīwàng xiāoshòu rényuán duō zhùyì yíxià shōukuǎn gōngzuò.

[日本語訳]

第一四半期の財務状況を報告させていただきます。

売上金額1,080万元、売上原価780万元、経費合計283万元でしたので、営業利益は17万元となりました。

売上は前年比3％増えましたが、経費が増えたため営業利益は前年比1％増にとどまりました。

キャッシュフローの面では、いくつかの案件で売掛金回収が遅れていますので、営業の方は代金回収に十分ご注意願います。

[語注・解説]

销售成本 xiāoshòu chéngběn
「売上原価」

▶ "成本 chéngběn" は「原価」「コスト」の意。

5 社内定例会の司会とスピーチ

营业利润 yíngyè lìrùn
「営業利益」
▶売上から原価および経費を差し引いた数値のこと。

三个百分点 sān ge bǎifēndiǎn
「3％」「3ポイント」
▶"百分点 bǎifēndiǎn"は統計学上の単位で「100分の1」のこと。

有所增加 yǒusuǒ zēngjiā
「ある程度増加した」
▶"有所 yǒusuǒ ～"で「ある程度～する」「多少～した」という意味。

现金流量 xiànjīn liúliàng
「キャッシュフロー」
▶営業利益が出ていても、「代金回収」"收款 shōukuǎn"が遅れキャッシュが足りなくなると、会社の運営に多大な支障が出るので、キャッシュフローの管理は非常に重要。

应收帐款 yīngshōu zhàngkuǎn
「売掛金（うりかけきん）」
▶商品を売った後、代金を受け取ってない金額のこと。その逆は"应付帐款 yīngfù zhàngkuǎn"「買掛金（かいかけきん）」。

関連表現

皆さんの努力のおかげで、ソフトウェアの売上が4倍になりました。
多亏大家的努力，软件销售翻了两番了。
Duōkuī dàjiā de nǔlì, ruǎnjiàn xiāoshòu fānle liǎng fān le.

出張旅費と交際費の予算を20％削減します。
把出差费和接待费的预算削减百分之二十。
Bǎ chūchāifèi hé jiēdàifèi de yùsuàn xuējiǎn bǎi fēn zhī èrshí.

円高ドル安のため、日本製品の対米輸出はますます難しくなってきています。
由于日元升值美元贬值，日本产品出口到美国越来越难。
Yóuyú rìyuán shēngzhí měiyuán biǎnzhí, Rìběn chǎnpǐn chūkǒudào Měiguó yuè lái yuè nán.

中国の人件費が大きく上昇し、製品コストも急激に上がっています。
中国员工开支大幅度上升，导致产品成本急剧增加。
Zhōngguó yuángōng kāizhī dàfúdù shàngshēng, dǎozhì chǎnpǐn chéngběn jíjù zēngjiā.

コラム

数字の表現法

　中国語の数字の表し方は日本語とほとんどが同じなので安心しがちですが、少し異なるところもあるので注意が必要です。

　例えば、中国語の"**一百五** yìbǎi wǔ"は日本語の「百五」ではありません。"**一百五**"は中国語では150の意味です。数字の105は、中国語では"**一百零五** yìbǎi líng wǔ"で、"**零** líng"を入れなければなりません。同様に、1050は"**一千零五十** yìqiān líng wǔshí"となります。なお、蛇足ながら中国語で"**二百五** èrbǎiwǔ"といえば「間抜け」という意味になります。

　倍数表現もうっかりすると間違ってしまいます。"**増加了两倍** zēngjiāle liǎng bèi"といえば、もとの数量に比べて2倍分増えたということですから、結果として3倍になったという意味です。増加分でなく増加した結果をいいたい場合は、"**増加到三倍** zēngjiādào sān bèi"「3倍まで増えた」つまり「3倍になった」といいます。

　もう一つ倍数表現で注意しなければいけないのが、"**翻** fān ～**番** fān"の表現です。"**翻一番** fān yì fān"は「2倍になる」(2×1)、"**翻两番** fān liǎng fān"は「4倍になる」(2×2)、"**翻三番** fān sān fān"は「8倍になる」(2×2×2)というふうに、いずれも2を"**翻**"と"**番**"の間の数字の回数だけ掛け合わせた数字となります。一見ややこしそうですが、通常の文章や話しことばでは、それほど大きな"**翻**"の回数は出てきませんので、数学が苦手な人も悩む必要はありません。

5 社内定例会の司会とスピーチ

5-4 人事部門報告

社内会議における人事、総務関係の報告です。残業や休日出勤をする際の注意事項について説明します。

🔊 **Track 25**

下面由人事部做一下汇报。
Xiàmian yóu rénshìbù zuò yíxià huìbào.

上个月的加班时间比前一个月增加了百分之二十。
Shànggeyuè de jiābān shíjiān bǐ qián yí ge yuè zēngjiāle bǎi fēn zhī èrshí.

相信大家业务都很忙，但还是希望各部门负责人
Xiāngxìn dàjiā yèwù dōu hěn máng, dàn háishi xīwàng gèbùmén fùzérén

提高业务效率，尽量减少加班时间。
tígāo yèwù xiàolǜ, jǐnliàng jiǎnshǎo jiābān shíjiān.

加班时，应该事先申请。
Jiābān shí, yīnggāi shìxiān shēnqǐng.

需要加班的人必须事先获得上司同意后才可以加班。
Xūyào jiābān de rén bìxū shìxiān huòdé shàngsī tóngyì hòu cái kěyǐ jiābān.

如果在休息日上班的话，请一定申请补休。
Rúguǒ zài xiūxirì shàngbān de huà, qǐng yídìng shēnqǐng bǔxiū.

[日本語訳]

では、人事部から報告させていただきます。

先月の残業時間は前の月より20％増えました。

業務多忙だとは思いますが、各部門の責任者は業務効率を上げ、極力残業を減らすようお願いします。

残業をする場合は事前申請が原則です。必ず事前に上司の許可を得た上で残業するようにしてください。

また、休日出勤をした場合は必ず代休の申請をお願いします。

語注・解説

加班 jiābān
「残業する」

▶ 中国の労働法では、残業手当は平日残業は賃金の1.5倍、休日は2倍、法定休日は3倍支払うよう規定されている。

尽量 jǐnliàng
「できるだけ」「極力」

▶ "jínliàng" とも発音する。なお、"尽"を第4声で発音する "尽量 jìnliàng" には「堪能する」「思う存分飲む［食べる］」の意もある。

事先申请 shìxiān shēnqǐng
「事前申請（する）」

▶ "事前申请 shìqián shēnqǐng" でも可。「事後申請」は "事后申请 shìhòu shēnqǐng"。

获得同意 huòdé tóngyì
「承諾を得る」

▶ "获得 huòdé" は「～を得る」「獲得する」という意味。

申请补休 shēnqǐng bǔxiū
「代休を申請する」

▶ "申请调休 shēnqǐng tiáoxiū" ともいう。また、「有給休暇」は "带薪休假 dàixīn xiūjià" "带薪假 dàixīnjià"。

関連表現

有給休暇は必ず消化してください。
请大家一定用完带薪休假。
Qǐng dàjiā yídìng yòngwán dàixīn xiūjià.

試用期間中はできるだけ遅刻や早退はしないようにしてください。
在试用期内请尽量不要迟到或早退。
Zài shìyòngqī nèi qǐng jǐnliàng búyào chídào huò zǎotuì.

女性従業員は、90日間の産休を申請できます。
女员工可以申请九十天的产假。
Nǚyuángōng kěyǐ shēnqǐng jiǔshí tiān de chǎnjià.

5 | 社内定例会の司会とスピーチ

5-5 定例会終了時の司会

定例会終了時の司会のことばです。議事録送付の連絡とともに、次回会議の開催日時・場所を通知します。

🔊 **Track 26**

今天会议的议题已经全部结束了。
Jīntiān huìyì de yìtí yǐjīng quánbù jiéshù le.

会议记录等会儿我用电子邮件发给各位。同时把会议资料
Huìyì jìlù děng huìr wǒ yòng diànzǐ yóujiàn fāgěi gèwèi. Tóngshí bǎ huìyì zīliào

上传到公司内部网络公共文件夹，供各位参考。
shàngchuándào gōngsī nèibù wǎngluò gōnggòng wénjiànjiā, gōng gèwèi cānkǎo.

下次会议将于四月八日九点在第一会议室召开，
Xiàcì huìyì jiāng yú sìyuè bā rì jiǔ diǎn zài dì yī huìyìshì zhàokāi,

请务必参加。谢谢各位。
qǐng wùbì cānjiā. Xièxie gèwèi.

[日本語訳]

以上をもちまして本日の議事はすべて終わりました。
議事録は後ほどEメールで皆様に送付すると同時に、ご説明した資料は社内ネットワークの共有フォルダーにアップロードしておきますのでご参照ください。
次回の会議は4月8日9時から第一会議室で開催しますので、よろしくご参集ください。ありがとうございました。

[語注・解説]

会议记录 huìyì jìlù
「議事録」
▶ 会議開催後は「議事録」"**会议记录** huìyì jìlù" を残し、会議参加者全員に送付する。

上传 shàngchuán
「アップロード（する）」
▶ "**上载** shàngzǎi" ともいう。「ダウンロード（する）」は "**下载** xiàzǎi"。

[関連用語]

| 「ファイル」 | "**文件** wénjiàn" |
| 「フォルダー」 | "**文件夹** wénjiànjiā" |

「ネットワーク」	"网络 wǎngluò"
「クラウドコンピューティング」	"云计算 yún jìsuàn"
「インターネット」	"互联网 hùliánwǎng" "因特网 yīntèwǎng"
「ネット上で」	"网上 wǎngshàng"
「メールアドレス」	"邮箱地址 yóuxiāng dìzhǐ" "邮件地址 yóujiàn dìzhǐ"
「ソフトウェア」	"软件 ruǎnjiàn"
「ハードウェア」	"硬件 yìngjiàn"
「マウス」	"鼠标 shǔbiāo"
「ハードディスク」	"硬盘 yìngpán"
「USBメモリー」	"U盘 U pán" "优盘 yōupán"
「プリンター」	"打印机 dǎyìnjī"
「パスワード」	"密码 mìmǎ"

供 gōng
「(〜の便宜のために) 提供する」「(〜に) 役立てる」
▶ "供各位参考 gōng gèwèi cānkǎo" で、「皆様の参考に供する」「皆様のご参考までに」という意味。

将 jiāng
「まもなく〜するだろう」「〜する予定だ」
▶ 動作や物事が近い将来に起こることを表す副詞。

召开 zhàokāi
「(会議を) 招集する」
▶ "召开会议 zhàokāi huìyì" で「会議を開く」。

务必 wùbì
「必ず」「きっと」「ぜひ」

関連表現

司会をするのは初めてでしたので、行き届かないところが沢山ありました点、ご容赦願います。
因为我是第一次担任主持人，还有很多不周到的地方，请多谅解。
Yīnwei wǒ shì dì yī cì dānrèn zhǔchírén, hái yǒu hěn duō bù zhōudào de dìfang, qǐng duō liàngjiě.

プロジェクターの電源を切り忘れないようにお願いします。
请不要忘了关掉投影仪电源。
Qǐng búyào wàngle guāndiào tóuyǐngyí diànyuán.

5 社内定例会の司会とスピーチ

次回の会議の司会進行は山田さんが担当です。

下次会议由山田先生主持召开。
Xiàcì huìyì yóu Shāntián xiānsheng zhǔchí zhàokāi.

次回会議の詳細については追ってメールでご連絡いたします。

关于下次会议的细节，以后［＝之后］我会发电子邮件通知大家。
Guānyú xiàcì huìyì de xìjié, yǐhòu [=zhīhòu] wǒ huì fā diànzǐ yóujiàn tōngzhī dàjiā.

6 社内販売会議での司会とスピーチ

6-1 販売会議冒頭の司会

全社販売会議での冒頭の司会です。出席者の紹介とともに、携帯電話のマナーモードへの切り替えも促します。

🔊 Track 27

本年度第一次销售会议从现在开始。
Běnniándù dì yī cì xiāoshòu huìyì cóng xiànzài kāishǐ.

我是主持今天会议的太田。
Wǒ shì zhǔchí jīntiān huìyì de Tàitián.

可能会有很多不周到的地方。请多谅解。
Kěnéng huì yǒu hěn duō bù zhōudào de dìfang. Qǐng duō liàngjiě.

今天的销售会议，除了日本总部近藤部长以外，北京、上海、
Jīntiān de xiāoshòu huìyì, chúle Rìběn zǒngbù Jìnténg bùzhǎng yǐwài, Běijīng, Shànghǎi,

广州、成都各个分公司的负责人和销售人员也都来参加。
Guǎngzhōu, Chéngdū gège fēngōngsī de fùzérén hé xiāoshòu rényuán yě dōu lái cānjiā.

希望通过今天的会议，各位充分掌握销售现状，
Xīwàng tōngguò jīntiān de huìyì, gèwèi chōngfèn zhǎngwò xiāoshòu xiànzhuàng,

了解所存在的问题，并讨论一下今后的对策。
liǎojiě suǒ cúnzài de wèntí, bìng tǎolùn yíxià jīnhòu de duìcè.

另外，请各位把手机电源关掉或调到静音状态。
Lìngwài, qǐng gèwèi bǎ shǒujī diànyuán guāndiào huò tiáodào jìngyīn zhuàngtài.

谢谢。那么现在会议就开始吧。
Xièxie. Nàme xiànzài huìyì jiù kāishǐ ba.

[日本語訳]

ただ今より本年度第一回販売会議を開催いたします。
私は本日の会議の司会進行役を仰せつかりました太田です。
不慣れなところもあるかと思いますが、何卒ご容赦願います。
今回の販売会議には、日本本社から近藤部長にお越しいただいたほか、北京、上海、広州、成都それぞれの支店責任者および営業担当者の皆様にお集まりいただいております。
本日の会議を通じまして、販売活動の現状、問題点についてご認識いただくとともに、今後の対策につき討議していただきたいと思います。
なお、お手数ですが携帯電話は電源をお切りいただくかマナーモードに設定願います。それでは早速開始します。

6 社内販売会議での司会とスピーチ

語注・解説

周到 zhōudào
「行き届いている」
- ●"周到的照顾 zhōudào de zhàogù"「行き届いた気配り」

谅解 liàngjiě
「容赦する」「大目に見る」
▶「ご容赦ください」「大目に見てください」は"请多包涵 qǐng duō bāohan"ともいえる。

除了 chúle ～以外 yǐwài, …也 yě
「～だけでなく…も」

掌握 zhǎngwò
「把握する」

调到静音状态 tiáodào jìngyīn zhuàngtài
「マナーモードに設定する」
▶以下の携帯電話・IT関連の用語も覚えておこう。

関連用語

「ショートメッセージ」	"短信 duǎnxìn"
「削除する」	"删除 shānchú"
「ツール」	"工具 gōngjù"
「ブルートゥース」	"蓝牙 lányá"
「お気に入り」	"收藏夹 shōucángjiā"
「アドレス帳」	"通信录 tōngxìnlù"
「メッセージ」「情報」	"信息 xìnxī"
「ブラウザ」	"浏览器 liúlǎnqì"
「メモ」	"备忘录 bèiwànglù"
「タイマー」	"定时器 dìngshíqì"

関連表現

会議終了後、懇親会を予定しておりますので、是非膝を交えて有意義な情報交換を行っていただきたいと思います。

会议结束后，还要举行交流会，希望大家促膝交谈，进行有意义的信息方面的交流。

Huìyì jiéshù hòu, hái yào jǔxíng jiāoliúhuì, xīwàng dàjiā cù xī jiāo tán, jìnxíng yǒu yìyì de xìnxī fāngmiàn de jiāoliú.

本日は貴重な機会ですので、日頃考えている問題点を率直に述べていただきたいと思います。

借今天的宝贵机会，希望大家坦率地提出平时发现的问题。
Jiè jīntiān de bǎoguì jīhuì, xīwàng dàjiā tǎnshuài de tíchū píngshí fāxiàn de wèntí.

時間の許す限り皆さんからの質問をお受けしたいと思います。

在时间允许的范围内，将尽量给各位安排提问的时间。
Zài shíjiān yǔnxǔ de fànwéi nèi, jiāng jǐnliàng gěi gèwèi ānpái tíwèn de shíjiān.

6 社内販売会議での司会とスピーチ

6-2 販売会議での総経理挨拶

中国現地法人における販売会議での総経理の挨拶です。今年の目標達成に向け、社員を激励します。

🔊 Track 28

早上好。去年我们的新工厂竣工，
Zǎoshang hǎo. Qùnián wǒmen de xīn gōngchǎng jùngōng,

今年对我们来说应该是关键的一年了。
jīnnián duì wǒmen lái shuō yīnggāi shì guānjiàn de yì nián le.

随着中国经济的持续发展和人们对节能意识的提高，
Suízhe Zhōngguó jīngjì de chíxù fāzhǎn hé rénmen duì jiénéng yìshi de tígāo,

我们的节能型空调受到行业内的关注，
wǒmen de jiénéngxíng kōngtiáo shòudào hángyè nèi de guānzhù,

市场的销量也在顺利扩大。
shìchǎng de xiāoliàng yě zài shùnlì kuòdà.

但是我相信我们还有很多尚待开发的市场。
Dànshì wǒ xiāngxìn wǒmen hái yǒu hěn duō shàng dài kāifā de shìchǎng.

希望各位今后在尚未开发的西部市场方面多加投入，
Xīwàng gèwèi jīnhòu zài shàngwèi kāifā de xībù shìchǎng fāngmiàn duō jiā tóurù,

完成今年的销售目标。谢谢大家。
wánchéng jīnnián de xiāoshòu mùbiāo. Xièxie dàjiā.

日本語訳

おはようございます。昨年新工場が完成し、いよいよ今年は当社にとって正念場の一年であります。
中国経済が引き続き発展し、省エネに対する人々の関心が高まる中、当社の省エネ型エアコンが業界の注目を集め、順調に売上を伸ばしています。
しかしながら、我々にはまだまだ市場開拓の余地があります。
今後これまで開拓が進んでいない西部市場に力を入れ、今年の売上目標を達成してもらいたいと思っております。ありがとうございました。

語注・解説

对 duì **～来说** lái shuō
「～にとっては」「～に関して言えば」

▶話題・主題を示す際に使う表現。

关键的一年 guānjiàn de yì nián
「肝心な年」「鍵となる年」

▶そのほか、"关键"を使った表現に、"关键词 guānjiàncí"「キーワード」、"关键时刻 guānjiàn shíkè"「肝心な時」などがある。

节能 jiénéng
「省エネ」

▶"节约能源 jiéyuē néngyuán"の短縮形。

関連用語

「環境保護」	"环保 huánbǎo"
「クリーンエネルギー」	"绿色能源 lǜsè néngyuán"
「エコカー」	"环保汽车 huánbǎo qìchē"
「エコバッグ」	"环保袋 huánbǎodài"
「排出基準」	"排放标准 páifàng biāozhǔn"

受到关注 shòudào guānzhù
「注目を集める」

行业 hángyè
「業種」「業界」

●服务行业 fúwù hángyè 「サービス業」「接客業」

尚 shàng
「なお」「まだ」

▶"尚待开发的市场 shàng dài kāifā de shìchǎng"で「まだ開拓を待っている市場＝開拓の余地がある市場」ということ。

▶"尚未 shàngwèi"は「まだ～ない」の意。

完成目标 wánchéng mùbiāo
「目標を達成する」

▶"达到目标 dádào mùbiāo"ともいえる。

6 社内販売会議での司会とスピーチ

関連表現

これからは背水の陣の覚悟で目標に挑戦していきましょう。
今后我们以背水一战的决心挑战目标吧。
Jīnhòu wǒmen yǐ bèi shuǐ yí zhàn de juéxīn tiǎozhàn mùbiāo ba.

これから環境保護をとりまくビジネスの拡大が予想されます。
估计今后环保方面的业务量将越来越多。
Gūjì jīnhòu huánbǎo fāngmiàn de yèwùliàng jiāng yuè lái yuè duō.

中国政府の西部大開発プロジェクトにより、内陸農村部にも新しい市場が生まれつつあります。
在中国政府西部大开发项目的推动下，内陆农村地区也正出现新市场。
Zài Zhōngguó zhèngfǔ xībù dàkāifā xiàngmù de tuīdòng xià, nèilù nóngcūn dìqū yě zhèng chūxiàn xīn shìchǎng.

6 社内販売会議での司会とスピーチ

6-3 休憩時の案内

販売会議の途中の休憩の際の司会のことばです。休憩後の開始時間もはっきり通知しましょう。

🔊 **Track 29** ••

现在休息十五分钟。
Xiànzài xiūxi shíwǔ fēnzhōng.

以会场的时钟为准，十点半开始第二部分的内容。
Yǐ huìchǎng de shízhōng wéi zhǔn, shí diǎn bàn kāishǐ dì èr bùfen de nèiróng.

请大家提前入座。
Qǐng dàjiā tíqián rùzuò.

去洗手间的请出门后向右转一直往前走。
Qù xǐshǒujiān de qǐng chūmén hòu xiàng yòu zhuǎn yìzhí wǎng qián zǒu.

另外在会场外边准备了一些饮料和点心。请大家随意品尝。
Lìngwài zài huìchǎng wàibian zhǔnbèile yìxiē yǐnliào hé diǎnxin. Qǐng dàjiā suíyì pǐncháng.

如果有什么要求，请不必客气跟工作人员提出。谢谢。
Rúguǒ yǒu shénme yāoqiú, qǐng bú bì kèqi gēn gōngzuò rényuán tíchū. Xièxie.

> 日本語訳

それでは、ただ今より15分間の休憩に入ります。
会場の時計が10時30分になりましたら第2部のセッションを始めさせていただきますので、それまでにご着席ください。
お手洗いは扉を出て右に曲がり、まっすぐ行ったところにございます。
また、会場の外にお飲み物とお菓子を準備しておりますので、ご自由にお召し上がりください。
何かご要望がございましたら何なりと事務局員へお申し付けください。よろしくお願いいたします。

> 語注・解説

以 yǐ ～为准 wéi zhǔn
「～を基準として」

提前 tíqián
「事前に」「前もって」；「前倒しで」

6 社内販売会議での司会とスピーチ

向右转 xiàng yòu zhuǎn
「右に曲がる」

▶ "往右拐 wǎng yòu guǎi" ともいう。

[関連用語]

「左に曲がる」	"往左拐 wǎng zuǒ guǎi" "向左转 xiàng zuǒ zhuǎn"
「突き当たる」	"到头 dàotóu"
「下へ降りる」	"往下走 wǎng xià zǒu"
「上へ上がる」	"往上走 wǎng shàng zǒu"

不必客气 bú bì kèqi
「何なりと」「遠慮なく」

▶ "尽管 jǐnguǎn" ともいう。

関連表現

午後の会議は、予定時刻より30分繰り上げて始めます。
下午的会议比原定时间提前半个小时召开。
Xiàwǔ de huìyì bǐ yuándìng shíjiān tíqián bàn ge xiǎoshí zhàokāi.

休憩室は、部屋を出て左に曲がった突き当たりでございます。
去休息室的，出门左拐走到头就是。
Qù xiūxīshì de, chūmén zuǒ guǎi zǒu dàotóu jiù shì.

会議資料の電子版が必要な方がいらっしゃいましたら事務局員へお申し付けください。
如果哪位需要会议资料的电子版的话，请跟工作人员说一下。
Rúguǒ nǎ wèi xūyào huìyì zīliào de diànzǐbǎn de huà, qǐng gēn gōngzuò rényuán shuō yíxià.

6 社内販売会議での司会とスピーチ

6-4 閉会時の司会

販売会議が終了し、場所を移動して会食を行ないます。会議参加者への謝意を表すとともに会食の時間と場所を連絡します。また、会場に忘れ物をしないよう注意を促します。

🔊 **Track 30**

各位辛苦了。今天销售会议的全部议题就到此结束了。
Gèwèi xīnkǔ le. Jīntiān xiāoshòu huìyì de quánbù yìtí jiù dào cǐ jiéshù le.

各位报告人的宝贵讲话以及与会各位的积极的提问，
Gèwèi bàogàorén de bǎoguì jiǎnghuà yǐjí yùhuì gèwèi de jījí de tíwèn,

使今天的会议气氛活跃，圆满成功。非常感谢大家。
shǐ jīntiān de huìyì qìfēn huóyuè, yuánmǎn chénggōng. Fēicháng gǎnxiè dàjiā.

六点半开始，在十二楼的宴会厅举行晚宴。
Liù diǎn bàn kāishǐ, zài shí'èr lóu de yànhuìtīng jǔxíng wǎnyàn.

今晚东京总部的夏木社长也将光临。希望大家都来参加。
Jīnwǎn Dōngjīng zǒngbù de Xiàmù shèzhǎng yě jiāng guānglín. Xīwàng dàjiā dōu lái cānjiā.

请不要将随身物品遗忘在会场。谢谢。
Qǐng búyào jiāng suíshēn wùpǐn yíwàngzài huìchǎng. Xièxie.

日本語訳

大変お疲れ様でした。以上をもちまして本日の販売会議の全日程を終了いたします。
各発表者の方からの貴重なお話と、ご出席の皆様からの積極的な質疑により、本日の会議は非常に活発で成功裏に終えることができました。ありがとうございました。
6時半から12階のレセプションルームで夕食会を開催します。
夕食会には東京本社の夏木社長にもご出席いただくことになっておりますので、皆様そろってご出席ください。
会場内にお忘れ物のないようお願いいたします。

語注・解説

以及 yǐjí
「及び」「並びに」
▶並列を表す接続詞。改まった響きを持つ。

与会 yùhuì
「会議に出席する」

6 社内販売会議での司会とスピーチ

积极 jījí
「積極的である」「熱心である」

▶ 反対は "消极 xiāojí"「消極的である」。

提问 tíwèn
「質問する」

▶「質疑応答」は "提问解答 tíwèn jiědá" "答疑 dáyí" という。

气氛活跃 qìfēn huóyuè
「雰囲気が活発である」

▶ "气氛 qìfēn" は「雰囲気」「ムード」の意。
　● 会议始终在友好的气氛中进行。Huìyì shǐzhōng zài yǒuhǎo de qìfēn zhōng jìnxíng.「会議は終始友好的なムードで進行した。」

▶ "活跃 huóyuè" は「活発である」「活気がある」の意。動詞で「～を活発にする」「活気づける」という意味もある。

晚宴 wǎnyàn
「夕食会」

▶ "举行晚宴 jǔxíng wǎnyàn" で「夕食会を開催する」の意。

[関連用語]

「カクテルパーティー」	"鸡尾酒会 jīwěijiǔhuì"
「正餐」「正式な食事」	"正餐 zhèngcān"
「ダンスパーティー」	"舞会 wǔhuì"
「立食パーティー」	"立餐酒会 lìcān jiǔhuì"

遗忘 yíwàng
「忘れる」

▶ "将 jiāng ～遗忘在 yíwàngzài…" で「～を…に忘れる」の意。「忘れ物をする」は "遗忘东西 yíwàng dōngxi"。

[関連用語]

「忘れ物」	"遗忘的东西 yíwàng de dōngxi" "遗失物 yíshīwù"
「忘れ物の案内（をする）」	"失物招领 shīwù zhāolǐng"
「忘れ物を（確認して）受け取る」	"认领失物 rènlǐng shīwù"
「(物を) なくす」	"弄丢 nòngdiū" "丢失 diūshī"
「遺失物取扱所」	"失物招领处 shīwù zhāolǐng chù"

6-4 閉会時の司会

関連表現

それでは、これより20分の質疑応答の時間とさせていただきます。どうぞご自由にご質問ください。

下面是二十分钟的答疑时间。请踊跃地提问。
Xiàmian shì èrshí fēnzhōng de dáyí shíjiān. Qǐng yǒngyuè de tíwèn.

司会の時間管理の不手際で、会議終了時間が30分後ろ倒しとなりましたこと、お詫び申し上げます。

由于主持人没有控制好时间，会议结束时间推迟了半个小时，十分抱歉。
Yóuyú zhǔchírén méiyou kòngzhìhǎo shíjiān, huìyì jiéshù shíjiān tuīchíle bàn ge xiǎoshí, shífēn bàoqiàn.

お忘れ物のご案内です。先ほどの会場で携帯電話をお忘れの方はインフォメーションデスクでお受け取りください。

现在广播失物招领。哪位在刚才的会场遗忘了手机的，请到问讯处认领。
Xiànzài guǎngbō shīwù zhāolǐng. Nǎ wèi zài gāngcái de huìchǎng yíwàng le shǒujī de, qǐng dào wènxùnchù rènlǐng.

| 6 | 社内販売会議での司会とスピーチ

6-5 閉会の挨拶

販売会議での閉会の挨拶です。会議への参加をねぎらうとともに、目標達成に向けて激励します。

🔊 **Track 31** ··

今天大家辛苦了。勿庸讳言，中国的国民生产总值
Jīntiān dàjiā xīnkǔ le. Wùyōng huìyán, Zhōngguó de guómín shēngchǎn zǒngzhí
超过日本已经成为世界第二大经济大国。
chāoguò Rìběn yǐjīng chéngwéi shìjiè dì èr dà jīngjì dàguó.
我们在中国市场的销售，受到日本总部的很大关注。
Wǒmen zài Zhōngguó shìchǎng de xiāoshòu, shòudào Rìběn zǒngbù de hěn dà guānzhù.
虽然北京奥运会和上海世博会已经结束了，但是
Suīrán Běijīng Àoyùnhuì hé Shànghǎi shìbóhuì yǐjīng jiéshù le, dànshì
市场仍然在继续扩大。我们在这优越的市场环境下
shìchǎng réngrán zài jìxù kuòdà. Wǒmen zài zhè yōuyuè de shìchǎng huánjìng xià
应该充分发挥我们的销售实力，取得优秀成绩。
yīnggāi chōngfèn fāhuī wǒmen de xiāoshòu shílì, qǔdé yōuxiù chéngjī.
目前我们朝着年销售增长百分之十五的目标而顺利地迈进。
Mùqián wǒmen cháozhe nián xiāoshòu zēngzhǎng bǎi fēn zhī shíwǔ de mùbiāo ér shùnlì de màijìn.
但绝不能松懈，要让全体员工扭成一股绳，再接再厉。谢谢大家。
Dàn jué bù néng sōngxiè, yào ràng quántǐ yuángōng niǔchéng yì gǔ shéng, zài jiē zài lì. Xièxie dàjiā.

[日本語訳]

本日はお疲れ様でした。申すまでもありませんが、中国のGDPが日本を追い越し、世界第2位の経済大国となりました。中国市場でのさらなる売上拡大は、日本の本社からも大きく期待されています。
北京オリンピック、上海万博は終わりましたが、市場は引き続き拡大しています。この恵まれた市場環境の中で、今後我々の営業の力を存分に発揮し、素晴らしい成果を上げてまいりたいと思います。
目下のところ年間売上成長15％の目標に向かって順調に進んでいますが、今後気を緩めることなく社内一丸となって取り組んでまいりたいと思います。よろしくお願いします。

語注・解説

勿庸讳言 wúyōng huìyán
「いうまでもなく」

▶ "毋庸讳言 wúyōng huìyán" とも。ほかに、"不言而喻 bù yán ér yù" "自不待言 zì bú dài yán" "不在话下 bú zài huà xià" という言い方もある。

国民生产总值 guómín shēngchǎn zǒngzhí
「国内総生産」（GDP＝Gross Domestic Product）

▶ なお、「消費者物価指数」（CPI＝Consumer's Price Index）は "消费者物价指数 xiāofèizhě wùjià zhǐshù"。

北京奥运会和上海世博会 Běijīng Àoyùnhuì hé Shànghǎi shìbóhuì
「北京オリンピックと上海万博」

[関連用語]

| 「アジア競技大会」 | "亚洲运动会 Yàzhōu Yùndònghuì"
＝"亚运会 Yàyùnhuì" |
| 「APEC（アジア太平洋経済協力会議）」 | "亚洲太平洋经济合作组织 Yàzhōu Tàipíngyáng Jīngjì Hézuò Zǔzhī"
＝"亚太经合组织 Yà Tài Jīng Hé Zǔzhī" |
| 「G8（主要8か国首脳会議）」 | "八国集团首脑会议 Bāguó Jítuán Shǒunǎo Huìyì"
＝"八国峰会 Bāguó Fēnghuì" |

仍然 réngrán
「依然として」「やはり」「なお」

朝着 cháozhe ～
「～に向かって」「～に向けて」

▶ "朝 cháo" は介詞で、"向 xiàng" とほぼ同じ。

松懈 sōngxiè
「怠ける」「気が緩む」「だらけている」

扭成一股绳，再接再厉 niǔchéng yì gǔ shéng, zài jiē zài lì
「一本の縄となって団結し、ますます頑張る」

▶ "扭 niǔ" は「(体を) つかむ」「つかんで引っ張る」といった意味だが、ここでは比喩的に使われている。

▶ "股 gǔ" は細長い物を数えるときの量詞。

6 社内販売会議での司会とスピーチ

関連表現

中国では今年も大きな国際会議が目白押しで、世界中から注目されています。

在中国，今年也将接二连三地召开各种大型国际会议，受到世界各国的关注。

Zài Zhōngguó, jīnnián yě jiāng jiē èr lián sān de zhàokāi gèzhǒng dàxíng guójì huìyì, shòudào shìjiè gèguó de guānzhù.

＊"接二连三 jiē èr lián sān"は「次から次へと」の意。

売上拡大を目指すだけでなく、粗利拡大と売掛金削減にも注意を払うべきです。

不仅追求销售量的扩大，也应该注意到扩大毛利和削减应收帐款。

Bùjǐn zhuīqiú xiāoshòuliàng de kuòdà, yě yīnggāi zhùyìdào kuòdà máolì hé xuējiǎn yīngshōu zhàngkuǎn.

目標達成が難しくても、最後の一秒まで努力をあきらめてはいけません。

虽然完成目标的难度较大，但也不应该放弃，要努力到最后一刻。

Suīrán wánchéng mùbiāo de nándù jiào dà, dàn yě bù yīnggāi fàngqì, yào nǔlìdào zuìhòu yí kè.

第3章

企業訪問

7 | 会社訪問

7-1 受入れ側の挨拶

取引先に会社を訪問していただいた際の、受入れ側の挨拶のことばです。

🔊 **Track 32**

今天各位在百忙之中抽出宝贵时间光临我们
Jīntiān gèwèi zài bǎimáng zhī zhōng chōuchu bǎoguì shíjiān guānglín wǒmen
浦石工业公司，对此我表示衷心的感谢。
Pǔshí Gōngyè Gōngsī, duì cǐ wǒ biǎoshì zhōngxīn de gǎnxiè.
我们公司是一家中小型锅炉的制造厂家。
Wǒmen gōngsī shì yì jiā zhōngxiǎoxíng guōlú de zhìzào chǎngjiā.
这几年因为大家对环保越来越关注，所以我们公司的
Zhè jǐ nián yīnwei dàjiā duì huánbǎo yuè lái yuè guānzhù, suǒyǐ wǒmen gōngsī de
节能锅炉深受好评，获得了日本一半以上的市场。
jiénéng guōlú shēn shòu hǎopíng, huòdéle Rìběn yíbàn yǐshàng de shìchǎng.
在海外市场，尤其在中国市场的增长极为显著。
Zài hǎiwài shìchǎng, yóuqí zài Zhōngguó shìchǎng de zēngzhǎng jíwéi xiǎnzhù.
我们在苏州和大连的工厂比去年增产百分之三十。
Wǒmen zài Sūzhōu hé Dàlián de gōngchǎng bǐ qùnián zēngchǎn bǎi fēn zhī sānshí.
今天虽然时间有限，但希望有助于各位加深对本公司
Jīntiān suīrán shíjiān yǒuxiàn, dàn xīwàng yǒuzhùyú gèwèi jiāshēn duì běngōngsī
产品和技术的了解。
chǎnpǐn hé jìshù de liǎojiě.

> 日本語訳

本日は皆様大変お忙しい日程の中、貴重なお時間を割いて浦石工業をご訪問いただき、誠にありがとうございます。
弊社は中小型ボイラーのメーカーですが、ここ数年来、環境保護に対する関心が高まっていることから、当社の省エネ型ボイラーは大変好評で、日本の半分以上の市場シェアを有しております。
また海外市場、特に中国市場の伸びがきわめて著しく、弊社の蘇州と大連工場では前年比3割の増産を行っています。
本日時間に限りはございますが、当社の製品および技術に対する理解を深めていただくための一助となれば幸いです。

語注・解説

百忙之中 bǎimáng zhī zhōng
「大変お忙しい中」「ご多用中」

▶ "百忙 bǎimáng" は「とても忙しい」ことを表す比喩的な表現。

抽出宝贵时间 chōuchu bǎoguì shíjiān
「貴重な時間を割く」

▶ 「時間を割く」は、ほかに "挤出时间 jǐchu shíjiān"「時間を捻出する」、"腾出时间 téngchu shíjiān"「時間を空ける」などともいえる。

光临 guānglín
「おいでになる」「いらっしゃる」

▶ なお、"欢迎光临 huānyíng guānglín" は「いらっしゃいませ」「ようこそ」というお客様を迎えるときの決まり文句。

制造厂家 zhìzào chǎngjiā
「メーカー」

▶ "厂家 chǎngjiā" のみでも「メーカー」の意味。"(制造)厂商 (zhìzào) chǎngshāng" と言っても同じ。

对 duì **～关注** guānzhù
「～に関心を持つ」

环保 huánbǎo
「環境保護」「エコ」

▶ "环境保护 huánjìng bǎohù" の略。"环保产品 huánbǎo chǎnpǐn" は「エコ商品」、"环保汽车 huánbǎo qìchē" は「エコカー」。

深受好评 shēn shòu hǎopíng
「大いに好評を得る」

▶ "深 shēn" は「大いに」「とても」の意。

有助于 yǒuzhùyú ～
「～に役立つ」「～の助けになる」

加深对 jiāshēn duì ～**的了解** de liǎojiě
「～に対する理解を深める」

7 会社訪問

関連表現

本日、張総経理をはじめ皆様方におかれましては、わざわざ足をお運びくださり、お目にかかることができまして大変嬉しく思っております。
今天以张总经理为首的各位特意光临［＝张总经理一行大驾光临］，使我有幸结识各位，我感到无比的高兴。
Jīntiān yǐ Zhāng zǒngjīnglǐ wéishǒu de gèwèi tèyì guānglín［＝Zhāng zǒngjīnglǐ yìxíng dàjià guānglín］, shǐ wǒ yǒuxìng jiéshí gèwèi, wǒ gǎndào wúbǐ de gāoxìng.

本日は遠路はるばるお越しいただき誠にありがとうございました。
今天非常感谢各位不远千里前来我们公司访问。
Jīntiān fēicháng gǎnxiè gèwèi bù yuǎn qiān lǐ qiánlái wǒmen gōngsī fǎngwèn.

今回のご訪問が実り多いものとなりますことを願っております。
希望各位这次的访问硕果累累。
Xīwàng gèwèi zhèi cì de fǎngwèn shuòguǒ léiléi.

どうかお疲れが出ませんよう、健康に十分ご留意ください。
希望各位多多注意身体，不要过于疲劳。
Xīwàng gèwèi duōduō zhùyì shēntǐ, búyào guòyú píláo.

7 会社訪問

7-2 会社概要紹介

社外のお客様に対し、プロジェクターを使って会社の紹介をします。創業年、事業概要、従業員数、売上金額等会社の概要を述べた上で、最近の動向を紹介します。

🔊 Track 33

下面我来介绍一下我们公司的概况。
Xiàmian wǒ lái jièshào yíxià wǒmen gōngsī de gàikuàng.

前面屏幕上投影资料的复印件事先已经发到各位手中。
Qiánmian píngmùshang tóuyǐng zīliào de fùyìnjiàn shìxiān yǐjīng fādào gèwèi shǒuzhōng.

请各位随时作为参考。
Qǐng gèwèi suíshí zuòwéi cānkǎo.

我们公司自从一九四九年创业以来，作为日本屈指可数的
Wǒmen gōngsī zìcóng yī jiǔ sì jiǔ nián chuàngyè yǐlái, zuòwéi Rìběn qū zhǐ kě shǔ de

电子零部件和半导体的专业制造厂商不断开拓业务。
diànzǐ língbùjiàn hé bàndǎotǐ de zhuānyè zhìzào chǎngshāng búduàn kāituò yèwù.

目前我们的员工总数有一万两千名，
Mùqián wǒmen de yuángōng zǒngshù yǒu yí wàn liǎngqiān míng,

去年的销售总额达到一点八七万亿日元。
qùnián de xiāoshòu zǒng'é dádào yì diǎn bā qī wànyì rìyuán.

在日本市场的增长减缓的情况下，中国市场的
Zài Rìběn shìchǎng de zēngzhǎng jiǎnhuǎn de qíngkuàng xià, Zhōngguó shìchǎng de

销售最近几年有了很大的增长。我们今后将在进一步
xiāoshòu zuìjìn jǐ nián yǒule hěn dà de zēngzhǎng. Wǒmen jīnhòu jiāng zài jìn yí bù

加强开拓中国市场的同时，大幅度提高中国工厂的产量。
jiāqiáng kāituò Zhōngguó shìchǎng de tóngshí, dàfúdù tígāo Zhōngguó gōngchǎng de chǎnliàng.

日本語訳

それでは、当社の概況についてご説明させていただきます。

前方のスクリーンにプロジェクターで映しております資料は、お手元にもコピーをお配りしておりますのでご参照ください。

弊社は、1949年創業以来、電子部品、半導体分野における日本屈指の専業メーカーとして業務を拡大してまいりました。現在、従業員12,000人、昨年度の年間売上高は1兆8,700億円となっております。

日本市場の伸びが鈍化する中、中国市場での売上はここ数年大きく伸びており、今後さらに中国市場開拓を強化するとともに、中国工場も大幅な増産を予定しております。

7 会社訪問

語注・解説

作为参考 zuòwéi cānkǎo
「参考にする」

▶ "作为 zuòwéi〜" は「〜とする」「〜にする」の意。また、介詞で「〜として」の意味でも用いる。

屈指可数的 qū zhǐ kě shǔ de
「指折りの」「屈指の」

▶ 字義通りには「指を折って数えることができる」という意味を表す。

▶ 似た表現に、"数一数二的 shǔ yī shǔ èr de"「一位二位を争う」「一、二に数えられる」というのもある。

开拓业务 kāituò yèwù
「業務を拡大する」

▶ このほか、「市場を開拓する」"开拓市场 kāituò shìchǎng" という表現もあわせて覚えておこう。

一点八七万亿日元 yì diǎn bā qī wànyì rìyuán
「1兆8,700億円」

▶ 日本語の「兆」は、中国語では "万亿 wànyì" という。
 ● 四万亿元的内需扩大政策 sì wànyì yuán de nèixū kuòdà zhèngcè 「4兆元の内需拡大策」

▶ 中国語の "兆 zhào" は「百万倍」「メガ」の意味。例えば、データの大きさを表す「メガバイト（MB）」は "兆字节 zhào zìjié"。

▶ 「ギガバイト（GB）」はメガバイトの千倍なので "千兆字节 qiānzhào zìjié" という。また、"吉字节 jí zìjié" という言い方や、次の例のように単にアルファベットで "G" ということもある。
 ● 我电脑的外存只有二十（个）G。Wǒ diànnǎo de wàicún zhǐ yǒu èrshí (ge) G. 「私のパソコンの外部メモリーは20ギガ（バイト）しかありません。」

减缓 jiǎnhuǎn
「（速度を）緩める」「鈍化する」

▶ 反対は "加速 jiāsù"「加速する」「速度を速める」。

在 zài 〜的同时 de tóngshí
「〜すると同時に」

7-2 会社概要紹介

関連表現

当社は研究開発に力を入れており、毎年売上高の3.5%相当の金額を研究開発に投資しています。

我们公司致力于研究与开发。每年都把相当于销售总额的百分之三点五的资金投入到研发工作中。

Wǒmen gōngsī zhìlìyú yánjiū yǔ kāifā. Měinián dōu bǎ xiāngdāngyú xiāoshòu zǒng'é de bǎi fēn zhī sān diǎn wǔ de zījīn tóurùdào yánfā gōngzuò zhōng.

日本市場はほぼ飽和していて、これ以上の伸びは期待できません。

日本市场趋于饱和，增长潜力不大。

Rìběn shìchǎng qūyú bǎohé, zēngzhǎng qiánlì bú dà.

私たちは中国市場の拡大に大きく期待しています。

我们对中国市场的扩大，抱有很大的期望。

Wǒmen duì Zhōngguó shìchǎng de kuòdà, bàoyǒu hěn dà de qīwàng.

第3章 企業訪問

7 会社訪問

7-3 業務内容紹介

来訪者に対し、会社の製品および最近の売れ筋について紹介します。先に会社全体で主要分野がいくつあるかを述べた後、それぞれの分野の内容や製品の売れ行きについて説明します。

🔊 **Track 34** ....

我们公司产品可分为三个领域。
Wǒmen gōngsī chǎnpǐn kě fēnwéi sān ge lǐngyù.

第一个领域是通用电子零部件，
Dì yī ge lǐngyù shì tōngyòng diànzǐ língbùjiàn,

第二个是手机专用零部件，第三个是半导体。
dì èr ge shì shǒujī zhuānyòng língbùjiàn, dì sān ge shì bàndǎotǐ.

由于日本经济萧条带来的白色家电产品销路不旺，
Yóuyú Rìběn jīngjì xiāotiáo dàilai de báisè jiādiàn chǎnpǐn xiāolù bú wàng,

通用电子零部件的出厂量没有增加，但是由于
tōngyòng diànzǐ língbùjiàn de chūchǎngliàng méiyou zēngjiā, dànshì yóuyú

智能手机畅销，所以手机专用零部件销路很好。
zhìnéng shǒujī chàngxiāo, suǒyǐ shǒujī zhuānyòng língbùjiàn xiāolù hěn hǎo.

关于半导体，出厂数量没有增加，但是由于
Guānyú bàndǎotǐ, chūchǎng shùliàng méiyou zēngjiā, dànshì yóuyú

高功能产品比率的提高，销售额和利润在稳步地增长。
gāogōngnéng chǎnpǐn bǐlǜ de tígāo, xiāoshòu'é hé lìrùn zài wěnbù de zēngzhǎng.

从地区来看，以中国为中心的亚洲市场的销售额在持续增长。
Cóng dìqū lái kàn, yǐ Zhōngguó wéi zhōngxīn de Yàzhōu shìchǎng de xiāoshòu'é zài chíxù zēngzhǎng.

日本語訳

弊社の製品は3つの分野に分かれており、1つ目は汎用電子部品、2つ目は携帯電話専用部品、3つ目は半導体です。

日本経済の低迷による白物家電製品の売れ行き不振により、汎用電子部品の出荷量は伸びておりませんが、スマートフォンが売れているため携帯電話専用部品は好調です。

半導体につきましては、出荷数量は伸びていませんが、高機能製品の比率が増えているため売上、利益とも堅調です。

地域的には、中国を中心としたアジア向けの売上が引き続き伸びております。

語注・解説

分为三个领域 fēnwéi sān ge lǐngyù
「3つの領域に分かれる」

▶ "分为 fēnwéi" は「～に分ける」「～に分かれる」の意。

通用 tōngyòng
「汎用の」
- ●通用计算机 tōngyòng jìsuànjī 「汎用コンピュータ」

经济萧条 jīngjì xiāotiáo
「経済不況」

▶ "萧条 xiāotiáo" は「不況 (である)」「不景気 (だ)」という意味。

▶ 「景気が好転する」は "经济好转 jīngjì hǎozhuǎn" という。

销路不旺 xiāolù bú wàng
「販売不振」「売れない」

▶ 反対に、「よく売れる」は "销路很好 xiāolù hěn hǎo" "热销 rèxiāo" "畅销 chàngxiāo" という。

智能手机 zhìnéng shǒujī
「スマートフォン」

関連用語

「折りたたみ式携帯電話」	"翻盖手机 fāngài shǒujī"
「スライド式携帯電話」	"滑盖手机 huágài shǒujī"
「タッチパネル式携帯電話」	"触屏手机 chùpíng shǒujī"
「3G 携帯」	"第三代手机 dì sān dài shǒujī" "3G 手机 sān G shǒujī"

稳步地增长 wěnbù de zēngzhǎng
「着実に増える」

▶ "稳步 wěnbù" は「着実な歩み」「漸進的な歩み」ということ。

関連表現

円高により輸入原材料コストは下がっていますが、輸出価格は上げざるを得ません。

由于日元升值，进口原材料的成本有所下降，但是出口价格不得不提高。
Yóuyú rìyuán shēngzhí, jìnkǒu yuáncáiliào de chéngběn yǒusuǒ xiàjiàng, dànshì chūkǒu jiàgé bù dé bù tígāo.

7 会社訪問

本社と工場とは光ケーブルで結ばれており、各工場の稼働状況はいつでも見ることができます。

总公司和工厂之间用光缆连接，随时可以看到各个工厂的生产情况。
Zǒnggōngsī hé gōngchǎng zhī jiān yòng guānglǎn liánjiē, suíshí kěyǐ kàndào gègè gōngchǎng de shēngchǎn qíngkuàng.

インターネットを使えば、当社製品情報はいつでも検索できます。

通过互联网［＝从网上］，可随时检索我们公司的产品信息。
Tōngguò hùliánwǎng［＝Cóng wǎngshàng］, kě suíshí jiǎnsuǒ wǒmen gōngsī de chǎnpǐn xìnxī.

7 会社訪問

7-4 来訪者の謝意

来訪者側からのお礼のことばです。今回の訪問による成果とともに、今後も協力関係を強めていきたいとの希望を伝えます。

🔊 Track 35

非常感谢今天你们在百忙之中
Fēicháng gǎnxiè jīntiān nǐmen zài bǎimáng zhī zhōng

为我们详细地介绍了贵公司的情况。
wèi wǒmen xiángxì de jièshàole guìgōngsī de qíngkuàng.

通过今天的访问加深了我们对贵公司的产品
Tōngguò jīntiān de fǎngwèn jiāshēnle wǒmen duì guìgōngsī de chǎnpǐn

和技术的了解，尤其了解到贵公司在节能方面的技术
hé jìshù de liǎojiě, yóuqí liǎojiědào guìgōngsī zài jiénéng fāngmiàn de jìshù

位于中国国内最先进的水平。
wèiyú Zhōngguó guónèi zuì xiānjìn de shuǐpíng.

这也是这次访问的很大的收获。
Zhè yě shì zhèi cì fǎngwèn de hěn dà de shōuhuò.

还有一个收获是我们结识了贵公司的很多新朋友。
Hái yǒu yí ge shōuhuò shì wǒmen jiéshíle guìgōngsī de hěn duō xīn péngyou.

中国有句谚语说，"一回生，二回熟"。
Zhōngguó yǒu jù yànyǔ shuō, "yì huí shēng, èr huí shú".

以后我们应该珍惜互相间的友谊，
Yǐhòu wǒmen yīnggāi zhēnxī hùxiāng jiān de yǒuyì,

希望能进一步加深双方的合作关系。
xīwàng néng jìn yí bù jiāshēn shuāngfāng de hézuò guānxi.

[日本語訳]

本日はお忙しい中、御社の状況について詳細にご紹介いただき、誠にありがとうございました。

本日の訪問を通じて、御社の製品および技術力について理解を深めることができました。とりわけ御社の省エネ技術は中国国内の最先端レベルにあるという点を理解できました。これも今回の大きな成果であったと思います。

もう一つの成果は、御社の沢山の皆様とお知り合いになれたことです。

中国に「初対面では見知らぬ同士も二回目からは親しい仲間」という諺があります。今後、お互いの友情を大切にしながら、両社の協力関係を深めてまいりたいと思います。

第3章 企業訪問

7 会社訪問

語注・解説

位于 wèiyú
「～に位置する」
- ●大阪位于日本的中西部。Dàbǎn wèiyú Rìběn de zhōngxībù.「大阪は日本の中西部に位置する。」

最先进的水平 zuì xiānjìn de shuǐpíng
「最先端のレベル」
- ▶"先进 xiānjìn"は「先進的な」「進んでいる」の意。また、反対は"落后 luòhòu"「遅れている」。

收获 shōuhuò
「収穫」「成果」
- ▶"成果 chéngguǒ"と言っても同じ。

结识 jiéshí
「知り合いになる」
- ▶"结识朋友 jiéshí péngyou"で「友人と知り合いになる」。"认识朋友 rènshi péngyou"ともいえる。

中国有句谚语说 Zhōngguó yǒu jù yànyǔ shuō ～
「中国に～という諺があります」
- ▶「諺」は、"谚语 yànyǔ"のほか、"俗话 súhuà"「俗諺」、"老话 lǎohuà"「昔からの言いまわし」という言い方もある。

一回生，二回熟 yì huí shēng, èr huí shú
「初対面では見知らぬ同士も二回目からは親しい仲間」
- ▶上記の意のほかに、「最初は不慣れでも二回目からは上達する」の意味で使うこともある。
- ▶また、"生 shēng"と"熟 shú"を使ったほかの諺に"熟能生巧 shú néng shēng qiǎo"がある。これは「何事も慣れればうまくできるようになる」「習うより慣れよ」という意味を表す。

珍惜互相间的友谊 zhēnxī hùxiāng jiān de yǒuyì
「お互いの間の友情を大切にする」
- ▶"珍惜 zhēnxī"は「大切にする」、"友谊 yǒuyì"は「友情」の意。

7-4 来訪者の謝意

関連表現

本日は王社長が自らご出席の上、状況説明いただき、誠に光栄です。

今天王经理亲自出席并详细地介绍了情况，使我们感到非常荣幸。
Jīntiān Wáng jīnglǐ qīnzì chūxí bìng xiángxì de jièshàole qíngkuàng, shǐ wǒmen gǎndào fēicháng róngxìng.

さすがに中国のトップメーカーだけあって、御社の技術、設備いずれも一流です。

真不愧为中国最大的厂家，贵公司的技术、设备都是第一流的。
Zhēn búkuì wéi Zhōngguó zuì dà de chǎngjiā, guìgōngsī de jìshù, shèbèi dōu shì dì yī liú de.

是非とも今後日本にお越しいただき、専門家との間でさらに深い技術交流を進めさせていただければと存じます。

希望今后各位能来日本，与专家们进一步开展深入的技术交流。
Xīwàng jīnhòu gèwèi néng lái Rìběn, yǔ zhuānjiāmen jìn yí bù kāizhǎn shēnrù de jìshù jiāoliú.

第3章 企業訪問

7 会社訪問

7-5 受入れ側の見送りのことば

受入れ側が来訪者を送り出すときの挨拶です。まずは来訪に対する謝意を述べ、説明不足の点は別途資料を届けること、また今後お互いの新たな協力関係が進むことへの期待の気持ちを伝えます。

🔊 **Track 36**

今天非常感谢和我们开展这么长时间的讨论。
Jīntiān fēicháng gǎnxiè hé wǒmen kāizhǎn zhème cháng shíjiān de tǎolùn.

也感谢你们刚才提出宝贵的建议和想法。
Yě gǎnxiè nǐmen gāngcái tíchū bǎoguì de jiànyì hé xiǎngfa.

各位好不容易来一次，也许有很多地方
Gèwèi hǎoburóngyì lái yí cì, yěxǔ yǒu hěn duō dìfang

我们没能够充分说明。
wǒmen méi nénggòu chōngfèn shuōmíng.

在今天的讨论当中，还没有回答的问题，回头我们
Zài jīntiān de tǎolùn dāngzhōng, hái méiyou huídá de wèntí, huítóu wǒmen

经过整理，把相关资料送到各位下榻的饭店。
jīngguò zhěnglǐ, bǎ xiāngguān zīliào sòngdào gèwèi xiàtà de fàndiàn.

希望以今天的访问为契机，双方的合作能打开新的局面。谢谢。
Xīwàng yǐ jīntiān de fǎngwèn wéi qìjī, shuāngfāng de hézuò néng dǎkāi xīn de júmiàn. Xièxie.

[日本語訳]
本日は長時間にわたり私どもと議論させていただきましたことに対し、心より感謝申し上げます。
また、先ほどは貴重なご提案やご意見を賜り誠にありがとうございました。
せっかくおいでいただきましたのに、まだ十分に説明できていないところがあるのではなかったかと心配しております。
本日の打ち合わせの中で、何点かご質問にお答えできていない点につきましては、後ほど整理の上資料を揃えまして、皆様のご宿泊のホテルの方へお届けしたいと思います。
今日の訪問を機に双方の協力関係の新たな第一歩が始まることを期待いたしております。ありがとうございました。

語注・解説

开展讨论 kāizhǎn tǎolùn
「議論を展開する」

好不容易来一次 hǎoburóngyì lái yí cì
「せっかくお越しになる」

▶ "好不容易 hǎoburóngyì" は「やっとのことで」「ようやく」の意。

回头 huítóu
「後ほど」「後で」

▶ "过后 guòhòu" "等会儿 děng huìr" でも可。

经过 jīngguò
「〜を済ませる」「経る」

下榻 xiàtà
「泊まる」「宿泊する」

▶ 敬意を込めた言い方。より一般的な言い方は "住 zhù"。

以今天的访问为契机 yǐ jīntiān de fǎngwèn wéi qìjī
「本日の訪問を機に」

▶ "以 yǐ 〜为契机 wéi qìjī" で、「〜を契機として」の意。

関連表現

お国へお戻りになりましたら、周総経理に是非よろしくお伝えください。

回国后，请一定向周总经理转达我们的问候。
Huíguó hòu, qǐng yídìng xiàng Zhōu zǒngjīnglǐ zhuǎndá wǒmen de wènhòu.

時間の関係もあり、恐縮ながらこのあと場所を変え、夕食の席上でお話を続けてゆきたいと思います。

很抱歉，由于时间的关系，现在我们要换一下场地，让我们在晚宴上继续讨论吧。
Hěn bàoqiàn, yóuyú shíjiān de guānxi, xiànzài wǒmen yào huàn yíxià chǎngdì, ràng wǒmen zài wǎnyànshang jìxù tǎolùn ba.

8 工場訪問

8-1 工場の概要紹介

来訪者に対して工場の概要を説明する場面です。創業年、従業員数、生産高などを述べ、最近の動向を紹介します。

🔊 **Track 37**

接下来，我来介绍一下富将电机公司苏州工厂的情况。
Jiēxialai, wǒ lái jièshào yíxià Fùjiāng Diànjī Gōngsī Sūzhōu gōngchǎng de qíngkuàng.

这个工厂是富将电机公司在中国的最大工厂，
Zhèige gōngchǎng shì Fùjiāng Diànjī Gōngsī zài Zhōngguó de zuì dà gōngchǎng,

于二〇〇一年投入生产。目前有一千八百名员工。
yú èr líng líng yī nián tóurù shēngchǎn. Mùqián yǒu yìqiān bābǎi míng yuángōng.

每年生产十五万台的节能型空调。
Měinián shēngchǎn shíwǔ wàn tái de jiénéngxíng kōngtiáo.

产品的一半在中国国内市场销售，另一半向海外出口。
Chǎnpǐn de yíbàn zài Zhōngguó guónèi shìchǎng xiāoshòu, lìng yíbàn xiàng hǎiwài chūkǒu.

目前以生产为主，但随着中国国内市场的不断扩大，
Mùqián yǐ shēngchǎn wéi zhǔ, dàn suízhe Zhōngguó guónèi shìchǎng de búduàn kuòdà,

今后打算把新产品的研究和开发工作也转移到中国来。
jīnhòu dǎsuàn bǎ xīn chǎnpǐn de yánjiū hé kāifā gōngzuò yě zhuǎnyídào Zhōngguó lái.

日本語訳

次に、富将電機蘇州工場の状況についてご紹介いたします。
当工場は富将電機の中国における最大の工場で、2001年に操業を開始しました。
従業員1,800人、年間15万台の省エネ型エアコンを製造しております。
製品の半分は中国国内販売、もう半分は海外に輸出しています。
現在のところ製造が中心ですが、中国市場の拡大に伴い、今後は新製品のR&Dも中国に移管する予定です。

語注・解説

接下来 jiēxialai
「次に」「続いて」

▶次の話題に移るときの表現。"下面 xiàmian" "接着 jiēzhe" でも可。

投入生产 tóurù shēngchǎn
「生産を開始する」

▶ ここでの "投入 tóurù" は「(ある状況に) 入る」「開始する」の意。例えば "投入使用 tóurù shǐyòng"「使い始める」などのように用いる。

向海外出口 xiàng hǎiwài chūkǒu
「海外に輸出する」

▶ 反対に、「海外から輸入する」は "从海外进口 cóng hǎiwài jìnkǒu"。

研究和开发 yánjiū hé kāifā
「研究開発」「R&D」

▶ 略して "研发 yánfā" ともいう。

转移到中国来 zhuǎnyídào Zhōngguó lái
「中国に移管する」

▶ "转移 zhuǎnyí" は「移す」の意。"转" という字は、3声 "zhuǎn" で発音すると「位置・方向を変える」、4声 "zhuàn" で発音すると「扇風機の羽のようにぐるぐる回る」という意味になる。

関連表現

ワーカーの半分は、安徽省、河南省など内陸の農村部から来ています。
工人的一半是从安徽、河南等内地农村来的。
Gōngrén de yíbàn shì cóng Ānhuī, Hénán děng nèidì nóngcūn lái de.

工場の生産情報は、専用通信回線経由でリアルタイムに本社のデータ処理センターに送られます。
工厂的生产信息通过专用通信线路实时地发送到总部的数据处理中心。
Gōngchǎng de shēngchǎn xìnxī tōngguò zhuānyòng tōngxìn xiànlù shíshí de fāsòngdào zǒngbù de shùjù chǔlǐ zhōngxīn.

次に製品のショールームを見学していただきます。
下面请各位参观一下产品展厅。
Xiàmian qǐng gèwèi cānguān yíxià chǎnpǐn zhǎntīng.

8 工場訪問

8-2 ショールームの紹介

ショールームでの紹介です。それぞれの製品コーナーにどのような製品を展示しているのか、全体の紹介をしてから個別の見学に移っていきます。

🔊 **Track 38** ··

这里是我们公司的产品展厅。
Zhèli shì wǒmen gōngsī de chǎnpǐn zhǎntīng.

在这里展出我们公司的信息处理产品、手机以及电子零部件。
Zài zhèli zhǎnchū wǒmen gōngsī de xìnxī chǔlǐ chǎnpǐn, shǒujī yǐjí diànzǐ língbùjiàn.

在信息处理展区有最新的个人电脑、扫描仪、
Zài xìnxī chǔlǐ zhǎnqū yǒu zuì xīn de gèrén diànnǎo, sǎomiáoyí,

打印机和外接硬盘。
dǎyìnjī hé wàijiē yìngpán.

在手机展区有现在大家非常关心的智能手机,
Zài shǒujī zhǎnqū yǒu xiànzài dàjiā fēicháng guānxīn de zhìnéng shǒujī,

大家可以亲自操作一下。
dàjiā kěyǐ qīnzì cāozuò yíxià.

在电子零部件展区有电容器、电阻、多层电路板等。
Zài diànzǐ língbùjiàn zhǎnqū yǒu diànróngqì, diànzǔ, duōcéng diànlùbǎn děng.

下面由我们讲解员陪同各位参观,边走边讲。
Xiàmian yóu wǒmen jiǎngjiěyuán péitóng gèwèi cānguān, biān zǒu biān jiǎng.

[日本語訳]

こちらは当社製品のショールームです。
ここには当社の情報処理製品、携帯電話、そして電子部品を展示しております。
情報処理製品コーナーには、最新鋭のパソコンを始めとし、スキャナー、プリンター、外付けハードディスク装置を展示しています。
携帯電話コーナーでは、今話題になっているスマートフォンを展示しており、お手にとってご覧いただけます。
電子部品コーナーには、コンデンサー、抵抗、多層プリント板等を展示しています。
それでは、私どもの説明員が皆様とご一緒に回りながら説明させていただきます。

語注・解説

展厅 zhǎntīng
「ショールーム」

▶ "陈列室 chénlièshi" ともいう。また、"展区 zhǎnqū" は「展示コーナー」のこと。

个人电脑 gèrén diànnǎo
「パーソナルコンピュータ」「パソコン」

関連用語

「スーパーコンピュータ」	"超级计算机 chāojí jìsuànjī" "巨型机 jùxíngjī"
「汎用コンピュータ」	"通用计算机 tōngyòng jìsuànjī"
「サーバー」	"服务器 fúwùqì"
「ストレージシステム」	"存储系统 cúnchǔ xìtǒng"

亲自 qīnzì
「みずから」「自分で」

陪同各位参观 péitóng gèwèi cānguān
「皆様に同伴して見学する」

▶ "陪同 péitóng"「お伴をする」「付き添う」は、"陪 péi" と言っても同じ。

边走边讲 biān zǒu biān jiǎng
「進みながら説明する」

▶ "边 biān ～边 biān …" で「～しながら…する」の意。

関連表現

これは開発中の試作品で、まだ市場では販売しておりません。
这是正在开发[＝研发]当中的试制品[＝样品]，市场上还没有销售。
Zhè shì zhèngzài kāifā [=yánfā] dāngzhōng de shìzhìpǐn [=yàngpǐn], shìchǎngshang hái méiyou xiāoshòu.

あちらに製品カタログ棚がございますので、ご興味があればご自由にお取りください。
那边有产品目录架，如果有兴趣请随便去拿。
Nàbiān yǒu chǎnpǐn mùlùjià, rúguǒ yǒu xìngqù qǐng suíbiàn qù ná.

中国語のオペレーションマニュアルはネットでダウンロードできます。
汉语的操作手册可以通过互联网[＝从网上]下载。
Hànyǔ de cāozuò shǒucè kěyǐ tōngguò hùliánwǎng [=cóng wǎngshàng] xiàzǎi.

8 工場訪問

8-3 生産ラインの紹介

生産ラインの紹介です。稼働状況や従業員の勤務形態、製造工程、検査などについて説明します。なお、生産ラインの写真撮影が禁止されている場合は、その旨前もってはっきり伝えておきましょう。

🔊 **Track 39**

这是我们工厂的生产线。
Zhè shì wǒmen gōngchǎng de shēngchǎnxiàn.

很抱歉根据公司规定这里不能照相。
Hěn bàoqiàn gēnjù gōngsī guīdìng zhèli bù néng zhàoxiàng.

现在这里的工人是三班制，每班八小时倒班，
Xiànzài zhèli de gōngrén shì sānbānzhì, měibān bā xiǎoshí dǎobān,

二十四小时无间断生产。
èrshísì xiǎoshí wújiànduàn shēngchǎn.

整个流程有外购部件的进厂检查、装配、单机试验、
Zhěnggè liúchéng yǒu wàigòu bùjiàn de jìnchǎng jiǎnchá, zhuāngpèi, dānjī shìyàn,

最后进行整机试验后出厂。
zuìhòu jìnxíng zhěngjī shìyàn hòu chūchǎng.

各位可以看到，这里的工作有很多细腻的手工作业，
Gèwèi kěyǐ kàndào, zhèli de gōngzuò yǒu hěn duō xìnì de shǒugōng zuòyè,

眼睛很容易疲劳，所以每五十分就设有十分钟的休息时间。
yǎnjing hěn róngyì píláo, suǒyǐ měi wǔshí fēn jiù shè yǒu shí fēnzhōng de xiūxi shíjiān.

[日本語訳]

こちらが当工場の生産ラインです。

申し訳ありませんが、会社の規定によりここでの写真撮影はご遠慮願います。

現在工場のワーカーは3交代制で各班8時間の交代勤務、一日24時間フル稼働の状況です。

全体の流れとしては、外部購入部品の受入検査、組み立て、単体試験を行い、最後に完成品の試験を行ってから出荷となります。

ご覧のように非常に細かい手作業が多く目が疲れますので、50分毎に10分間の休憩時間を設定しています。

語注・解説

生产线 shēngchǎnxiàn
「生産ライン」

根据公司规定 gēnjù gōngsī guīdìng
「会社の規定に基づき」「会社の規定により」

这里不能照相 zhèli bù néng zhàoxiàng
「写真はご遠慮願います」

▶日本語の「ご遠慮ください」「お控えください」は、中国語では "不能 bù néng"「~は許可されていません」、"(请) 不要 (qǐng) búyào"「~しないでください」とはっきり伝えるのがポイント。

▶掲示では、"严禁 yánjìn"「厳禁する」という語もよく使われる。例えば、撮影禁止を知らせる掲示には "严禁拍照 yánjìn pāizhào" と書いてある。
　●请不要［=严禁］抽烟。Qǐng búyào［=Yánjìn］chōuyān.「おタバコはご遠慮願います。」

倒班 dǎobān
「交代勤務（する）」

▶"轮班 lúnbān" "换班 huànbān" などともいう。

无间断 wújiànduàn
「途切れがない」

整个流程 zhěnggè liúchéng
「工程全体」「プロセス全体」

进厂检查 jìnchǎng jiǎnchá
「受入検査」

[関連用語]

「単体試験」	"单机试验 dānjī shìyàn"
「完成品試験」	"整机试验 zhěngjī shìyàn"
「振動試験」	"振动试验 zhèndòng shìyàn"
「落下試験」	"跌落试验 diēluò shìyàn"

装配 zhuāngpèi
「組み立てる」

▶"组装 zǔzhuāng" ともいう。そのほか、「取り外す」「分解する」は "拆卸 chāixiè"、「取り付ける」は "安装 ānzhuāng" という。

8 工場訪問

関連表現

出荷前に全製品の性能試験を行うほか、抜き取りで振動試験、落下試験も実施しています。

出厂前对所有产品进行性能试验，也抽样地进行振动试验和跌落试验。
Chūchǎng qián duì suǒyǒu chǎnpǐn jìnxíng xìngnéng shìyàn, yě chōuyàng de jìnxíng zhèndòng shìyàn hé diēluò shìyàn.

工場排水は24時間モニタリングを行い、分析したデータはインターネットで環境保護局に送っています。

对工厂的排水进行二十四小时监控，把分析后的数据通过互联网发送到环保局。
Duì gōngchǎng de páishuǐ jìnxíng èrshisì xiǎoshí jiānkòng, bǎ fēnxī hòu de shùjù tōngguò hùliánwǎng fāsòngdào huánbǎojú.

ここからはスリッパに履き替えてからご見学ください。

请在这里换拖鞋后继续参观。
Qǐng zài zhèli huàn tuōxié hòu jìxù cānguān.

滑らないよう、お足元にご注意ください。

请小心滑倒。
Qǐng xiǎoxīn huádǎo.

貴重品はご自身で携帯してください。

请携带好贵重物品。
Qǐng xiédàihǎo guìzhòng wùpǐn.

8 工場訪問

8-4 品質保証体制紹介

品質保証体制を紹介します。ISO の認証を受けていること、全ての製品に対する試験を実施することにより、高い信頼性を保証していることを説明します。

🔊 Track 40

下面介绍一下我们公司的质量管理体制。
Xiàmian jièshào yíxià wǒmen gōngsī de zhìliàng guǎnlǐ tǐzhì.

生产可靠性高的产品是我们公司的基本方针。
Shēngchǎn kěkàoxìng gāo de chǎnpǐn shì wǒmen gōngsī de jīběn fāngzhēn.

我们在五年前就获得了 ISO9001 认证。
Wǒmen zài wǔ nián qián jiù huòdé le ISO jiǔlínglíngyāo rènzhèng.

现在我们生产的所有产品都通过四十八小时
Xiànzài wǒmen shēngchǎn de suǒyǒu chǎnpǐn dōu tōngguò sìshíbā xiǎoshí

高温高湿试验合格后才出厂。
gāowēn gāoshī shìyàn hégé hòu cái chūchǎng.

一旦发现缺陷的话，立刻停止生产线分析故障原因。
Yídàn fāxiàn quēxiàn de huà, lìkè tíngzhǐ shēngchǎnxiàn fēnxi gùzhàng yuányīn.

另外，我们也非常重视环境保护，
Lìngwài, wǒmen yě fēicháng zhòngshì huánjìng bǎohù,

不但获得了 ISO14001 认证，而且积极推进节能活动。
búdàn huòdé le ISO yāosìlínglíngyāo rènzhèng, érqiě jījí tuījìn jiénéng huódòng.

[日本語訳]

当社の品質管理体制についてご紹介申し上げます。
信頼性の高い製品を製造することは当社の基本方針であり、5 年前に ISO9001 の認証を取得しております。
現在、生産した全製品に対し 48 時間の高温高湿試験を行い、合格したものだけを出荷しています。
万一不具合が発見された場合はすぐにラインを止め、故障の原因解析を行います。
また、環境保護にも力を入れており、ISO14001 の認証を取得の上、省エネ活動も積極的に推進しています。

8 工場訪問

語注・解説

质量管理 zhìliàng guǎnlǐ
「品質管理」

▶日本語の「品質」は、中国語では通常 "**质量** zhìliàng"。中国語の "**品质** pǐnzhì" は日本語の「品質」の意味もあるが、「人の資質」を表すのにも使われる。

可靠性高的产品 kěkàoxìng gāo de chǎnpǐn
「信頼性の高い製品」

▶ "**可靠** kěkào" は「信頼できる」「確かである」の意。

ISO9001 认证 ISO jiǔlínglíngyāo rènzhèng
「ISO9001 認証」

▶ ISO（＝International Organization for Standardization）「国際標準化機構」は、"**国际标准化组织** Guójì Biāozhǔnhuà Zǔzhī" という。

▶ ISO9001 は品質マネジメントシステムの国際規格。ISO14001 は環境マネジメントシステムの国際規格。

分析故障原因 fēnxi gùzhàng yuányīn
「故障の原因を分析する」

関連表現

二酸化炭素排出量と廃棄物総量の削減に取り組んでいます。
我们致力于削减二氧化碳排放量和废弃物总量。
Wǒmen zhìlìyú xuējiǎn èryǎnghuàtàn páifàngliàng hé fèiqìwù zǒngliàng.

毎年専門家の監査を受け、絶えず品質管理体制の改善を進めています。
我们每年接受专家的审查，不断地完善质量监管体制。
Wǒmen měinián jiēshòu zhuānjiā de shěnchá, búduàn de wánshàn zhìliàng jiānguǎn tǐzhì.

水銀、鉛、カドミウム等有害物質の含有量は法律で厳しく規制されています。
法律严格控制水银［＝汞］、铅、镉等有害物质的含量。
Fǎlǜ yángé kòngzhì shuǐyín［＝gǒng］, qiān, gé děng yǒuhài wùzhì de hánliàng.

8 工場訪問

8-5 見学者の謝意

工場を見学した側からの感謝のことばです。お礼のほか、見学の感想や成果を話し、最後に今後の希望を述べます。

🔊 Track 41

今天非常感谢由王建华总经理亲自介绍
Jīntiān fēicháng gǎnxiè yóu Wáng Jiànhuá zǒngjīnglǐ qīnzì jièshào
贵公司情况还带我们去参观生产线。
guìgōngsī qíngkuàng hái dài wǒmen qù cānguān shēngchǎnxiàn.
我们加深了对贵公司各种产品、技术以及质量管理体系的了解。
Wǒmen jiāshēnle duì guìgōngsī gèzhǒng chǎnpǐn, jìshù yǐjí zhìliàng guǎnlǐ tǐxì de liǎojiě.
今天我们才知道了在生产过程中出厂前的
Jīntiān wǒmen cái zhīdàole zài shēngchǎn guòchéng zhōng chūchǎng qián de
试验时间远远超过组装产品的时间。
shìyàn shíjiān yuǎnyuǎn chāoguò zǔzhuāng chǎnpǐn de shíjiān.
我相信这点也是支撑贵公司产品可靠性高的一个因素。
Wǒ xiāngxìn zhè diǎn yě shì zhīchēng guìgōngsī chǎnpǐn kěkàoxìng gāo de yí ge yīnsù.
今后我们要继续学习贵公司宝贵的经验，改进我们的工作，
Jīnhòu wǒmen yào jìxù xuéxí guìgōngsī bǎoguì de jīngyàn, gǎijìn wǒmen de gōngzuò,
同时也希望在不久的将来各位到我们公司莅临指导。
tóngshí yě xīwàng zài bùjiǔ de jiānglái gèwèi dào wǒmen gōngsī lìlín zhǐdǎo.

日本語訳

本日は、王建華総経理自ら御社のご紹介ならびに製造ラインのご案内をいただき、誠にありがとうございました。
御社のさまざまな製品、技術および品質管理体系について理解を深めることができました。
また製造過程では、組立の時間よりもずっと長い時間を使って出荷前の試験をされていることを今日初めて知りました。
この点も御社製品の高い信頼性を支える一端だろうと考えております。
今後とも引き続き御社の貴重なご経験を学ばせていただき、我々の仕事を改善したいと思います。近いうちに皆様に弊社を訪問いただき、ご指導いただけるよう願っております。

8 工場訪問

語注・解説

远远 yuǎnyuǎn
「はるかに」
▶ ここでは "远远超过 yuǎnyuǎn chāoguò" で、「はるかに超えている」の意。

支撑 zhīchēng
「支える」
- 靠我一个人的工资支撑着一家五口人的生活。Kào wǒ yí ge rén de gōngzī zhīchēngzhe yìjiā wǔ kǒu rén de shēnghuó. 「私一人の給料で一家5人の生活を支えている。」

莅临 lìlín
「臨席する」「お越しになる」
▶ "光临 guānglín"「ご光臨くださる」「いらっしゃる」と言っても同じ。
- 敬请莅临指导。Jìngqǐng lìlín zhǐdǎo. 「ご臨席の上ご指導賜りたくお願い申し上げます。」

関連表現

本日は心のこもったご対応をいただき、大変感激いたしております。
今天承蒙贵方热情接待，令人非常感激。
Jīntiān chéngméng guìfāng rèqíng jiēdài, lìng rén fēicháng gǎnjī.

これは簡単な心ばかりの品です、記念にお納めください。
这是我们的一点儿心意，请你留作纪念吧。
Zhè shì wǒmen de yìdiǎnr xīnyì, qǐng nǐ liúzuò jìniàn ba.

ほんの気持ちだけのつまらないものです。
一点儿心意而已，不成敬意。
Yìdiǎnr xīnyì éryǐ, bù chéng jìngyì.

第4章
宴会／出迎え／見送り

9 宴会でのスピーチ

9-1 主催者の歓迎挨拶

訪日した中国の代表団を迎える歓迎晩餐会の席での歓迎挨拶です。遠方からお越しいただいたお客様に、おもてなしの気持ちを伝えましょう。

🔊 Track 42

我谨代表主办单位，向各位表示热烈的欢迎。
Wǒ jǐn dàibiǎo zhǔbàn dānwèi, xiàng gèwèi biǎoshì rèliè de huānyíng.

今天能与各位在日本重逢感到由衷的高兴。
Jīntiān néng yǔ gèwèi zài Rìběn chóngféng gǎndào yóuzhōng de gāoxìng.

今晚为了欢迎各位的光临，我们设了便宴为各位接风洗尘。
Jīnwǎn wèile huānyíng gèwèi de guānglín, wǒmen shèle biànyàn wèi gèwèi jiē fēng xǐ chén.

我们准备了一些日本的菜肴和日本清酒。
Wǒmen zhǔnbèile yìxiē Rìběn de càiyáo hé Rìběn qīngjiǔ.

今晚是自助餐方式，请各位不要客气随便品尝。
Jīnwǎn shì zìzhùcān fāngshì, qǐng gèwèi búyào kèqi suíbiàn pǐncháng.

在时间允许的范围内请各位尽情畅谈。
Zài shíjiān yǔnxǔ de fànwéi nèi qǐng gèwèi jìnqíng chàngtán.

[日本語訳]

主催者を代表いたしまして、皆様を心より歓迎申し上げます。
皆様と日本で再会できましたことを心より嬉しく思っております。
今夕皆様を歓迎し、長旅の疲れを落としていただこうと簡単な宴席を設けさせていただきました。
日本の料理やお酒も用意いたしております。ビュッフェ形式ですのでご自由にお召し上がりください。
お時間の許す限り心ゆくまでご歓談いただきたいと思います。

[語注・解説]

谨代表主办单位 jǐn dàibiǎo zhǔbàn dānwèi
「謹んで主催者を代表する」

▶ "谨 jǐn ～"は「謹んで～する」の意。

▶ "主办单位 zhǔbàn dānwèi"は「主催者側」。"主方 zhǔfāng"ともいう。また、逆は"来宾 láibīn"「来賓」。

与 yǔ ～重逢 chóngféng
「～と再会する」

▶ "和[跟] hé [gēn] ～ 再次见面 zàicì jiànmiàn" ともいえる。

感到由衷的高兴
gǎndào yóuzhōng de gāoxìng
「心からの喜びを感じる」

▶ "由衷 yóuzhōng" は「心から」「衷心から」という意味。

设便宴 shè biànyàn
「簡単な宴会を設ける」

▶ "便宴 biànyàn" は「簡単な宴会」。"便席 biànxí" ともいう。

接风洗尘 jiē fēng xǐ chén
「遠来の客を迎えて宴をする」

▶ "接风 jiēfēng" または "洗尘 xǐchén" だけでもほぼ同じ意味で使える。

自助餐 zìzhùcān
「ブッフェ」「食べ放題」

▶ "自助 zìzhù" は「セルフサービス式」ということ。

▶「食べ放題」は、"任意吃 rènyì chī"「自由に[好きなだけ]食べる」または "不限量 búxiànliàng"「制限なし」などともいう。

　●新开的日本餐厅，只付一百五十块钱吃喝都不限量。Xīn kāi de Rìběn cāntīng, zhǐ fù yìbǎi wǔshí kuài qián chī hē dōu búxiànliàng.「新しくできた日本食レストランは、150元で飲み放題、食べ放題です。」

随便品尝 suíbiàn pǐncháng
「自由に賞味する」

▶ "随便 suíbiàn"「自由に(する)」の代わりに "随意 suíyì" といっても可。

在时间允许的范围内 zài shíjiān yǔnxǔ de fànwéi nèi
「時間の許す限り」

▶ "在 zài ～的范围内 de fànwéi nèi" は、「～の範囲内で」の意。

尽情畅谈 jìnqíng chàngtán
「思う存分に心おきなく話す」

▶ "尽情 jìnqíng" は「思う存分」、"畅谈 chàngtán" は「心おきなく語り合う」。

9 宴会でのスピーチ

関連表現

今夕は、存分にお楽しみください。
希望各位今晚能过得愉快。
Xīwàng gèwèi jīnwǎn néng guòde yúkuài.

今夕、ここで旧交を温め、新しい友と知り合うことができましたことを大変嬉しく思っております。
今晚能在这里重温旧谊，结识新友，令人感到无比的高兴。
Jīnwǎn néng zài zhèli chóngwēn jiùyì, jiéshí xīnyǒu, lìng rén gǎndào wúbǐ de gāoxìng.

今晩はゆっくりお休みになり、今回のご訪問成功に向け英気を養っていただきたいと思います。
希望各位今晚好好休息，养精蓄锐，顺利完成这次访问任务。
Xīwàng gèwèi jīnwǎn hǎohāo xiūxi, yǎng jīng xù ruì, shùnlì wánchéng zhèi cì fǎngwèn rènwu.

コラム

中国での宴会マナー

　中国では宴席も大切なビジネスの場です。宴会の基本は円卓で、一番の上席に主催者（ホスト）が座り、その右側にゲストのトップ、左側に序列第二位のゲストが座ります。宴会のスタートから終了までホストの采配で進められますので、日本料理のように一人一人の料理が別々に運ばれてきて、あとはそれぞれご自由にというスタイルではありません。中国料理は大皿で食卓の真ん中に運ばれてきますが、どの料理も最初のひと箸はホストがつける、あるいはホストに促されてからゲストが手をつけるというのが原則です。このルールを知らずに、新しい料理がテーブルに載るや否や、ゲストが自分から箸をつけてしまうことは、ルール違反となりますので要注意。

　また、お酒を飲む際も目の前に置かれたグラスを各自が取って好きなように飲むというのは中国ではルール違反です。グラスを手にした後、誰かとグラスを合わせてから飲むのが基本です。この際、うかつに"干杯 gānbēi"と言ってしまうと本当に杯を干してグラスの底を相手に見せないといけなくなるので大変です。最初の一杯以降は、"随意 suíyì"「ご随意に」「ご自由に」と言って飲める量だけ口をつければ失礼になりません。また、酒の席であっても酔ってつぶれるのは禁物です。

　なお、ゲスト側が挨拶をして全体の乾杯を促す際は、"请允许我借主人的酒杯 qǐng yǔnxǔ wǒ jiè zhǔrén de jiǔbēi～"「ご主人の杯をお借りして～」（⇒ p. 116）という表現を使います。

9 宴会でのスピーチ

9-2 招待客のお礼挨拶

中国側主催の歓迎会に対する日本側からのスピーチです。最初におもてなしいただいたことへのお礼、次にこの度の訪問目的と今後の希望を述べ、最後に再び感謝のことばで締めましょう。

🔊 **Track 43**

刚才罗平总经理发表了热情洋溢的讲话，
Gāngcái Luó Píng zǒngjīnglǐ fābiǎole rèqíng yángyì de jiǎnghuà,

我谨代表日方成员，对今晚的盛情款待和
wǒ jǐn dàibiǎo Rìfāng chéngyuán, duì jīnwǎn de shèngqíng kuǎndài hé

罗平总经理的良好祝愿表示衷心的感谢。
Luó Píng zǒngjīnglǐ de liánghǎo zhùyuàn biǎoshì zhōngxīn de gǎnxiè.

我们这次访问贵国的目的是考察贵国环保工作的
Wǒmen zhèi cì fǎngwèn guìguó de mùdì shì kǎochá guìguó huánbǎo gōngzuò de

实际情况，同时也探讨如何开展双方今后的合作。
shíjì qíngkuàng, tóngshí yě tàntǎo rúhé kāizhǎn shuāngfāng jīnhòu de hézuò.

我衷心希望通过这次访问，能够加深相互了解，
Wǒ zhōngxīn xīwàng tōngguò zhèi cì fǎngwèn, nénggòu jiāshēn xiānghù liǎojiě,

双方的合作关系能进一步发展。
shuāngfāng de hézuò guānxi néng jìn yí bù fāzhǎn.

我再一次感谢今天的款待。
Wǒ zài yí cì gǎnxiè jīntiān de kuǎndài.

日本語訳

先ほど羅平総経理の心のこもったご挨拶を頂戴し、私は日本側一行を代表して、今夕の厚いおもてなしと羅平総経理の温かいおことばに対し、心から感謝の意を表したいと思います。

今回の訪問は貴国の環境保護のお仕事の実情を視察し、今後双方でどのように協力してゆくか検討することにあります。

今回の交流を通じ、お互いの理解を深め、双方の協力関係がさらに発展することを心より祈念いたしております。

改めまして本日のおもてなしに心より感謝申し上げます。

9 宴会でのスピーチ

語注・解説

热情洋溢 rèqíng yángyì
「心のこもった」「情熱溢れる」
▶ "热情 rèqíng" は「熱意」、"洋溢 yángyì" は「満ち溢れる」の意。

盛情款待 shèngqíng kuǎndài
「厚いおもてなし」
▶ "盛情 shèngqíng" は「厚意」、"款待 kuǎndài" は「もてなす」「歓待（する）」。

良好祝愿 liánghǎo zhùyuàn
「心からの祝福のことば」「温かいことば」
▶ "祝愿 zhùyuàn" は動詞として「祈る」「願う」の意味でもよく使われる。

考察 kǎochá
「視察する」「実地調査する」;「考察する」
▶ "考察团 kǎochátuán" は「視察団」の意。

関連表現

到着早々かくも盛大に歓迎いただき、誠に恐縮です。
我们一到，就受到如此盛大［＝热烈］的欢迎，实在过意不去。
Wǒmen yí dào, jiù shòudào rúcǐ shèngdà [=rèliè] de huānyíng, shízài guòyì bú qù.

ご主人の杯をお借りして、皆様のご健康のために乾杯したいと思います。
请让我借主人的酒杯，为了各位的身体健康干杯。
Qǐng ràng wǒ jiè zhǔrén de jiǔbēi, wèile gèwèi de shēntǐ jiànkāng gānbēi.

大阪から上海までわずか2時間あまりで着きました。ビザの手続きも簡単ですし、以前と比べると本当に隔世の感があります。
从大阪到上海只要两个多小时就到了。办签证也很方便，跟以前相比真是有如隔世［＝有隔世之感］。
Cóng Dàbǎn dào Shànghǎi zhǐ yào liǎng ge duō xiǎoshí jiù dào le. Bàn qiānzhèng yě hěn fāngbiàn, gēn yǐqián xiāngbǐ zhēn shì yǒurú géshì [=yǒu géshì zhī gǎn].

9 宴会でのスピーチ

9-3 乾杯の音頭

乾杯の際には、出席者が手にグラスを持っているのでことばが長すぎないように心がけましょう。最後に乾杯の願望を述べる際には、「ご来訪の成功のため」⇒「双方の協力関係発展のため」⇒「在席者全員の健康のため」というふうに、相手の事柄から始め、次第に範囲を広げてゆきます。

🔊 Track 44 ・・

由于刚才主持人点名，请允许我代表日方致祝酒辞。
Yóuyú gāngcái zhǔchírén diǎnmíng, qǐng yǔnxǔ wǒ dàibiǎo Rìfāng zhì zhùjiǔcí.

今天中国保险代表团的各位一到日本
Jīntiān Zhōngguó bǎoxiǎn dàibiǎotuán de gèwèi yí dào Rìběn

就来参加欢迎晚会，实在是辛苦了。
jiù lái cānjiā huānyíng wǎnhuì, shízài shì xīnkǔ le.

现在我提议，
Xiànzài wǒ tíyì,

为这次访问活动的圆满成功，
wèi zhèi cì fǎngwèn huódòng de yuánmǎn chénggōng,

为双方的合作关系的进一步加深，
wèi shuāngfāng de hézuò guānxi de jìn yí bù jiāshēn,

以及在座的所有的朋友们的身体健康，
yǐjí zàizuò de suǒyǒu de péngyoumen de shēntǐ jiànkāng,

干杯！
gānbēi!

日本語訳

ご指名でございますので、誠に僭越ながら、日本側を代表して乾杯の音頭をとらせていただきます。
本日、中国保険代表団の皆様におかれましては日本到着早々歓迎晩餐会にご臨席いただき、誠にお疲れ様でした。
それではここで、

今回のご訪問が成功裏に終わりますことをお祈りするとともに、
我々双方の協力関係が更に深まることをお祈りし、
またご在席のすべての皆様のご健康のために、

乾杯！

9 宴会でのスピーチ

語注・解説

点名 diǎnmíng
「指名する」
▶ほかに、「点呼する」「出席を取る」という意味もある。

致祝酒辞 zhì zhùjiǔcí
「乾杯の挨拶をする」
▶"致辞 zhìcí" は「挨拶を述べる」の意。

一 yī **～就** jiù …
「～するやいなやすぐに…」

提议 tíyì
「提案する」「提起する」
▶前頁のスピーチ例のように、乾杯の音頭で "我提议为 wǒ tíyì wèi ～干杯 gānbēi!"「～のために乾杯！」という形でよく使われる。

関連表現

皆様、シャンパングラスをご用意いただき、今回の訪問の成功を祈って乾杯したいと思います。

请各位举起香槟酒杯，为预祝这次访问成功而干杯！
Qǐng gèwèi jǔqi xiāngbīnjiǔbēi, wèi yùzhù zhèi cì fǎngwèn chénggōng ér gānbēi!

僭越ながらご主人のお杯をお借りして、我々の合作が成功することを祈って乾杯しましょう。

请允许我借主人的酒杯，为预祝我们合作成功而干杯。
Qǐng yǔnxǔ wǒ jiè zhǔrén de jiǔbēi, wèi yùzhù wǒmen hézuò chénggōng ér gānbēi.

それでは、富将公司設立10年式典の締めといたしまして、日本の恒例であります三本締めでお開きとさせていただきます。

值此富将公司成立十周年庆典结束之际，让我们以日本惯例的"鼓掌三次"来结束宴会。
Zhí cǐ Fùjiāng Gōngsī chénglì shí zhōunián qìngdiǎn jiéshù zhī jì, ràng wǒmen yǐ Rìběn guànlì de "gǔzhǎng sān cì" lái jiéshù yànhuì.

9 | 宴会でのスピーチ

9-4 主催者の閉会のことば

主催者の締めのことばです。盛り上がった場で原稿を取り出して読み上げたりすると雰囲気が白けてしまいますので、できるだけ簡潔に締めましょう。

🔊 **Track 45**

时不待我，在我们尽情畅谈的时候，预定的时间已经到了。
Shí bú dài wǒ, zài wǒmen jìnqíng chàngtán de shíhou, yùdìng de shíjiān yǐjīng dào le.
虽然还感到依依不舍，但是明天起我们要开始很紧张的
Suīrán hái gǎndào yīyī bù shě, dànshì míngtiān qǐ wǒmen yào kāishǐ hěn jǐnzhāng de
日程，所以今天晚宴不得不到此结束。
rìchéng, suǒyǐ jīntiān wǎnyàn bù dé bú dào cǐ jiéshù.
希望各位今天晚上好好休息，明天早上八点半在饭店大厅见。
Xīwàng gèwèi jīntiān wǎnshang hǎohāo xiūxi, míngtiān zǎoshang bā diǎn bàn zài fàndiàn dàtīng jiàn.

日本語訳

時は人を待たずと申しますが、楽しく歓談させていただいている間にあっという間に予定の時間が来てしまいました。まだまだ話は尽きませんが、明朝からのハードスケジュールが控えておりますので、本日はこのあたりでお開きにさせていただきたいと思います。
今晩はゆっくりお休みいただき、明朝8時半にホテルのロビーでお会いしたいと思います。

語注・解説

时不待我 shí bú dài wǒ
「時は人を待たず」

▶ "时间不等人 shíjiān bù děng rén" ともいえる。「歳月人を待たず」は "岁月不待人 suìyuè bú dài rén" という。

依依不舍 yīyī bù shě
「名残惜しい」「未練たっぷりであきらめきれない」

▶ "依依 yīyī" は「名残を惜しむ様子」を表す。

不得不 bù dé bù 〜
「〜せざるを得ない」

9 宴会でのスピーチ

▶ "只好 zhǐhǎo 〜"「〜するほかない」とほぼ同じ。

関連表現

本場の日本料理は皆様のお口に合いましたでしょうか。

不知道地道的日本菜合不合你们的口味？
Bù zhīdào dìdao de Rìběncài hé bu hé nǐmen de kǒuwèi?

今夕、互いに打ち解けて語り合うことができ、心より嬉しく思います。

今天晚上我有机会和各位促膝谈心，我感到非常高兴。
Jīntiān wǎnshang wǒ yǒu jīhuì hé gèwèi cù xī tán xīn, wǒ gǎndào fēicháng gāoxìng.

どうぞお気をつけてお帰りください。

请各位慢走。
Qǐng gèwèi mànzǒu.

9 宴会でのスピーチ

9-5 招待客の謝意

レセプション終了時における、招待客側の挨拶です。招待された側は、まずレセプション開催に対する謝意を述べた後、レセプションの感想および明日からのことを話し、最後に再度お礼を述べて締め括ります。

🔊 **Track 46**

今天非常感谢为我们举行如此盛大的晚宴。
Jīntiān fēicháng gǎnxiè wèi wǒmen jǔxíng rúcǐ shèngdà de wǎnyàn.

菜肴也非常丰盛，特别是正宗中国菜的味道给我
Càiyáo yě fēicháng fēngshèng, tèbié shì zhèngzōng Zhōngguócài de wèidao gěi wǒ

留下了很深刻的印象。同时我们还能与各位中国朋友
liúxiale hěn shēnkè de yìnxiàng. Tóngshí wǒmen hái néng yǔ gèwèi Zhōngguó péngyou

促膝交谈，我们感到很高兴。
cù xī jiāo tán, wǒmen gǎndào hěn gāoxìng.

从明天起我们的正式日程将要开始。
Cóng míngtiān qǐ wǒmen de zhèngshì rìchéng jiāng yào kāishǐ.

因为有一些人是初次来中国的，所以难免给各位添些麻烦，
Yīnwei yǒu yìxiē rén shì chūcì lái Zhōngguó de, suǒyǐ nánmiǎn gěi gèwèi tiān xiē máfan,

请多多包涵。
qǐng duōduō bāohán.

最后我再次感谢今晚的盛情款待。
Zuìhòu wǒ zàicì gǎnxiè jīnwǎn de shèngqíng kuǎndài.

日本語訳

今夕、かくも盛大な歓迎の晩餐会を開いていただき誠にありがとうございました。
盛り沢山の料理、特に本場の中華料理の味は忘れられません。また、中国の友人の皆様と心ゆくまで歓談できましたこと大変嬉しく存じます。
明日から正式なスケジュールが始まりますが、初めて中国を訪問する者も何名かおりますので、皆様にご面倒をおかけすることもあろうかと存じますが、どうぞご容赦いただきたく存じます。
改めまして今夕のご歓待に対し感謝申し上げます。

9 宴会でのスピーチ

語注・解説

如此盛大 rúcǐ shèngdà
「かくも盛大な」

菜肴 càiyáo
「料理」
- ●丰盛的菜肴 fēngshèng de càiyáo 「盛りだくさんの料理」

正宗 zhèngzōng
「正統派の」「本当の」「本場の」
▶「本場の〜」「正真正銘の〜」は "地道的 dìdao de 〜" ともいえる。

留下很深刻的印象 liúxia hěn shēnkè de yìnxiàng
「深い印象を残す」

促膝交谈 cù xī jiāo tán
「膝を交えて話す」「互いに打ち解けて話し合う」
▶"促膝谈心 cù xī tán xīn" ともいう。

难免 nánmiǎn
「〜を免れない」「避けられない」

包涵 bāohán
「大目に見る」「許す」
▶"请多多包涵 qǐng duōduō bāohán"「大目に見てください」の形で覚えておこう。

関連表現

今日は本当に沢山ご馳走になり、誠にありがとうございました。
今天真是酒足饭饱，非常感谢。
Jīntiān zhēn shì jiǔ zú fàn bǎo, fēicháng gǎnxiè.

今晩の楽しいひと時は一生忘れられません。
今晚的快乐时光，一生难忘。
Jīnwǎn de kuàilè shíguāng, yìshēng nánwàng.

次回は是非日本でお会いして、本場の日本酒で一杯やりましょう。
我衷心希望下次在日本见面，那时候咱们用正宗的日本清酒来干杯吧。
Wǒ zhōngxīn xīwàng xiàcì zài Rìběn jiànmiàn, nà shíhou zánmen yòng zhèngzōng de Rìběn qīngjiǔ lái gānbēi ba.

10 宴会での司会進行

10-1 宴会開始時の司会

中国からの環境保護視察団の帰国を前にした、日本側主催の歓送宴です。司会はパーティー開始を宣言した後、開催の趣旨を述べた上で、主催者側代表の挨拶につなげます。

🔊 Track 47 ・・

让各位久等了。
Ràng gèwèi jiǔděng le.

中国环保考察团的欢送晚宴现在开始。
Zhōngguó huánbǎo kǎochátuán de huānsòng wǎnyàn xiànzài kāishǐ.

考察团一行在一个星期的紧张日程里，前往了东京、
Kǎochátuán yìxíng zài yí ge xīngqī de jǐnzhāng rìchéngli, qiánwǎngle Dōngjīng,

静冈、大阪、福冈等地进行访问，连日以来
Jìnggāng, Dàbǎn, Fúgāng děng dì jìnxíng fǎngwèn, liánrì yǐlái

和当地有关方面进行了广泛的交流。
hé dāngdì yǒuguān fāngmiàn jìnxíngle guǎngfàn de jiāoliú.

考察团全体成员圆满地完成了任务，明天就要踏上归途了。
Kǎochátuán quántǐ chéngyuán yuánmǎn de wánchéngle rènwu, míngtiān jiù yào tàshang guītú le.

今晚我们举行晚宴给代表团各位饯行。
Jīnwǎn wǒmen jǔxíng wǎnyàn gěi dàibiǎotuán gèwèi jiànxíng.

首先由鹤田会长，代表主办单位致辞。
Shǒuxiān yóu Hètián huìzhǎng, dàibiǎo zhǔbàn dānwèi zhìcí.

第4章 宴会／出迎え／見送り

日本語訳

大変長らくお待たせいたしました。
ただ今より、中国環境保護視察団の歓送晩餐会を始めさせていただきます。
視察団ご一行におかれましては大変ハードな1週間のスケジュールの中、東京、静岡、大阪、福岡等を訪問いただき、各地の関係部門と連日幅広い交流を行っていただきました。
全員無事に予定を終えられ、いよいよ明日帰国の途につかれますので、今夕晩餐会を開催し皆様の送別の宴とさせていただきたいと思います。
それでは最初に主催者を代表しまして、日本側、鶴田会長からご挨拶いただきます。

10 宴会での司会進行

語注・解説

久等 jiǔděng
「長らく待つ」

▶「お待たせして申し訳ありません。」は、"对不起，让你久等了。Duìbuqǐ, ràng nǐ jiǔděng le." という。

连日以来 liánrì yǐlái
「連日来」「ここ数日」

和 hé **～进行广泛的交流** jìnxíng guǎngfàn de jiāoliú
「～と幅広い交流を行う」

踏上归途 tàshang guītú
「帰途につく」

▶また、"踏上旅途 tàshang lǚtú" は「旅に出る」「旅立つ」の意。

饯行 jiànxíng
「送別の宴を開く」

関連表現

これから代表団の皆様が入場されますので、どうぞ盛大な拍手でお迎えください。
现在请让我们以热烈的掌声欢迎代表团入场。
Xiànzài qǐng ràng wǒmen yǐ rèliè de zhǎngshēng huānyíng dàibiǎotuán rùchǎng.

途中交通渋滞により代表団一行の到着が遅れておりますので、今しばらくお待ち願います。
由于路上交通拥挤，代表团一行会迟一些到达会场，请各位稍候片刻。
Yóuyú lùshang jiāotōng yōngjǐ, dàibiǎotuán yìxíng huì chí yìxiē dàodá huìchǎng, qǐng gèwèi shāo hòu piànkè.

本日は大変寒い中、晩餐会にご参加いただき誠にありがとうございます。
今天非常感谢各位不顾天气寒冷，前来光临晚宴。
Jīntiān fēicháng gǎnxiè gèwèi búgù tiānqì hánlěng, qiánlai guānglín wǎnyàn.

10 宴会での司会進行

10-2 主な出席者の紹介

日本側主催の宴会での出席者の紹介です。中国側の出席者を紹介する際の拍手を促すことにより、場が盛り上がります。

🔊 **Track 48** ･･･

现在让我介绍一下今天主要的出席人员。
Xiànzài ràng wǒ jièshào yíxià jīntiān zhǔyào de chūxí rényuán.

请大家掌声欢迎。
Qǐng dàjiā zhǎngshēng huānyíng.

中国方面，杨学良团长、陈彦人副团长、王秀敏秘书长。
Zhōngguó fāngmiàn, Yáng Xuéliáng tuánzhǎng, Chén Yànrén fùtuánzhǎng, Wáng Xiùmǐn mìshūzhǎng.

由于时间的关系我就不一一介绍每位团员了，
Yóuyú shíjiān de guānxi wǒ jiù bù yīyī jièshào měiwèi tuányuán le,

请大家看一下手头的名单。
qǐng dàjiā kàn yíxià shǒutóu de míngdān.

富将公司方面有鹤田会长、夏木社长以及
Fùjiāng Gōngsī fāngmiàn yǒu Hètián huìzhǎng, Xiàmù shèzhǎng yǐjí

相关事业部的事业部长参加。
xiāngguān shìyèbù de shìyèbùzhǎng cānjiā.

[日本語訳]

それでは、ここで本日の主な出席者を紹介させていただきます。

皆様、拍手をもって歓迎いたしましょう。

中国側は楊学良団長、陳彦人副団長、そして王秀敏秘書長です。団員お一人お一人につきましてはお時間の関係でご紹介しませんが、お手元の名簿をご覧ください。

富将公司側よりは、会長の鶴田、社長の夏木ほか関連事業部の事業部長が参加しております。

[語注・解説]

掌声欢迎 zhǎngshēng huānyíng
「拍手で歓迎する」

[関連用語]

　「拍手する」　　　　　　　　　　"鼓掌 gǔzhǎng" "拍手 pāishǒu"

10 宴会での司会進行

「手拍子をとる」　　　　"用手打拍子 yòng shǒu dǎ pāizi"
「幸せなら手をたたこう」（歌詞）　"如果感到幸福你就拍拍手 rúguǒ gǎndào xìngfú nǐ jiù pāipai shǒu"

不一一介绍 bù yīyī jièshào
「一人一人は紹介しない」

▶ "一一 yīyī" は、「一人一人」「一つ一つ」という意味。

手头 shǒutóu
「お手元」

▶ "手头儿 shǒutóur" とも。ほかに「懐具合」の意味もあり、例えば "手头（儿）紧 shǒutóu(r) jǐn" は「懐具合が悪い」の意。

関連表現

今回、習局長は突然急用が入り、残念ながら来日できませんでした。
很遗憾，这次习局长有急事脱不了身，不能访问日本。
Hěn yíhàn, zhèi cì Xí júzhǎng yǒu jíshì tuōbuliǎo shēn, bù néng fǎngwèn Rìběn.

楊団長は、北京大学をご卒業後、外交部に入られ、東京の中国大使館で3年間一等書記官として仕事をされておりました。
杨团长从北京大学毕业后，在外交部工作，曾经在东京的中国大使馆作为一等秘书工作过三年。
Yáng tuánzhǎng cóng Běijīng Dàxué bìyè hòu, zài wàijiāobù gōngzuò, céngjīng zài Dōngjīng de Zhōngguó Dàshǐguǎn zuòwéi yī děng mìshū gōngzuòguo sān nián.

誠に恐縮ながら、お時間の関係で、団員お一人お一人の経歴のご紹介は省略させていただきます。
实在抱歉，由于时间的关系，我就不一一介绍团员的经历了。
Shízài bàoqiàn, yóuyú shíjiān de guānxi, wǒ jiù bù yīyī jièshào tuányuán de jīnglì le.

それでは、楊団長、自己紹介を兼ねてひとことお願いいたします。
下面，请杨团长讲话，顺请自我介绍一下。
Xiàmian, qǐng Yáng tuánzhǎng jiǎnghuà, shùn qǐng zìwǒ jièshào yíxià.

本日のゲスト、周傑さんをご紹介いたします。周傑さんには「中国の商品検査制度」についてお話をしていただきます。
我来介绍一下今天的贵宾周杰先生。周杰先生讲的是关于"中国的商品检验制度"。
Wǒ lái jièshào yíxià jīntiān de guìbīn Zhōu Jié xiānsheng. Zhōu Jié xiānsheng jiǎng de shì guānyú "Zhōngguó de shāngpǐn jiǎnyàn zhìdù".

10 宴会での司会進行

10-3 宴会終了時の司会

宴会や結婚式などのおめでたい席で、日本語では「終わる」、「閉じる」といった表現は忌みことばとして使わないのが礼儀ですが、中国語の場合は " 结束 jiéshù"「終わる」と言っても差し支えありません。

🔊 **Track 49** ••

宴会已进入高潮，但预定的时间已经到了，
Yànhuì yǐ jìnrù gāocháo, dàn yùdìng de shíjiān yǐjīng dào le,

今天的宴会只好到此结束。非常感谢各位的光临。
jīntiān de yànhuì zhǐhǎo dào cǐ jiéshù. Fēicháng gǎnxiè gèwèi de guānglín.

在宴会厅出去的地方发放礼品，请每位凭请柬去领取。
Zài yànhuìtīng chūqu de dìfang fāfàng lǐpǐn, qǐng měiwèi píng qǐngjiǎn qù lǐngqǔ.

离开会场时，请不要遗忘东西。谢谢。
Líkāi huìchǎng shí, qǐng búyào yíwàng dōngxi. Xièxie.

[日本語訳]

宴たけなわではございますが、そろそろ予定の時間となりましたので、残念ながらこのあたりでお開きとさせていただきます。
本日はご出席いただき誠にありがとうございました。
なお、会場を出たところで記念品をお配りしておりますので、案内状と引き換えにお一人ずつお受け取り願います。
会場を出られる際はお忘れ物のございませんようご注意ください。ありがとうございました。

[語注・解説]

（宴会）进入高潮（yànhuì）jìnrù gāocháo
「（宴会が）大きく盛り上がっている」「（宴）たけなわ」
▶ "进入 jìnrù" は「入る」、"高潮 gāocháo" は「高潮」「クライマックス」。

只好 zhǐhǎo 〜
「〜せざるを得ない」「〜するしかない」

到此结束 dào cǐ jiéshù
「ここでお開きにする」

10 宴会での司会進行

发放礼品 fāfàng lǐpǐn
「贈り物を配る」

▶ "发放 fāfàng" は「出す」「支給する」「配る」の意。

凭请柬去领取 píng qǐngjiǎn qù lǐngqǔ
「招待状と引き換えに受け取りにいく」

▶ "凭 píng 〜" は「〜を根拠として」「〜によって」の意。
  ● 凭票入场 píng piào rùchǎng 「切符を提示して入場する」

▶ "请柬 qǐngjiǎn" は「招待状」。"请帖 qǐngtiě" ともいう。

関連表現

それではお手を拝借して、日本式三本締めで本日の中締めとさせていただきます。
那么现在请大家一起按日本习俗"鼓掌三次"来结束今天的晚宴吧。
Nàme xiànzài qǐng dàjiā yìqǐ àn Rìběn xísú "gǔzhǎng sān cì" lái jiéshù jīntiān de wǎnyàn ba.

まもなくお別れとなりますが、改めまして皆様へ感謝の意を表したいと思います。
我们不久就要分别了，在此我再一次向各位表示衷心的感谢。
Wǒmen bùjiǔ jiù yào fēnbié le, zài cǐ wǒ zài yí cì xiàng gèwèi biǎoshì zhōngxīn de gǎnxiè.

明日の無事なご帰国をお祈り申し上げます。
祝你们明天回国一路平安。
Zhù nǐmen míngtiān huíguó yílù píng'ān.

10 宴会での司会進行

10-4 記念品贈呈

正式な訪問の際には、記念品の交換を行います。記念品贈呈に当たっては、どのタイミングで交換するのかを双方で事前に打ち合わせて決めておくことが必要です。また、記念写真の撮影を促すこともお忘れなく。

🔊 **Track 50**

现在双方交换纪念品。
Xiànzài shuāngfāng jiāohuàn jìniànpǐn.

请张团长和夏木社长上台。
Qǐng Zhāng tuánzhǎng hé Xiàmù shèzhǎng shàngtái.

由日方赠送日本特产的乡土玩具小木偶人,
Yóu Rìfāng zèngsòng Rìběn tèchǎn de xiāngtǔ wánjù xiǎo mù'ǒurén,

由中方赠送中国出名的苏州双面绣。
yóu Zhōngfāng zèngsòng Zhōngguó chūmíng de Sūzhōu shuāngmiànxiù.

哪位要拍照留念的请到前面来。
Nǎ wèi yào pāizhào liúniàn de qǐng dào qiánmian lái.

日本語訳

ここで記念品の交換に移らせていただきます。

張団長、夏木社長、どうぞ壇上にお上がりください。

日本側より、日本特産の民芸品であるこけし、中国側からは中国で有名な蘇州の両面刺繍が贈呈されます。

記念写真を撮られる方はどうぞ前へお越しください。

語注・解説

上台 shàngtái
「壇上に上がる」「舞台に上がる」

小木偶人 xiǎo mù'ǒurén
「こけし」
▶「人形」は"娃娃 wáwa""偶人 ǒurén"という。

拍照留念 pāizhào liúniàn
「記念に写真を撮る」
▶"拍照 pāizhào"「写真を撮る」は"照相 zhàoxiàng"と言っても同じ。また、「(皆で)一緒

10 宴会での司会進行

に写真を撮る」は "**合影** héyǐng"。

▶ "**留念** liúniàn" は「記念に残す」の意。

関連表現

最後に全体で集合写真を撮りたいと思いますので全員前へお越しください。
最后我们要合影留念，请在场所有的人都到前面来。
Zuìhòu wǒmen yào héyǐng liúniàn, qǐng zàichǎng suǒyǒu de rén dōu dào qiánmian lái.

それでは撮ります。はい「チーズ」。
现在拍了。说声"茄子"。
Xiànzài pāi le. Shuō shēng "qiézi".

代表団への贈り物とは別に、団員全員に記念のバッジが贈呈されます。
除了给代表团的礼品外，还给每位成员赠送纪念徽章。
Chúle gěi dàibiǎotuán de lǐpǐn wài, hái gěi měiwèi chéngyuán zèngsòng jìniàn huīzhāng.

ささやかな記念の品です。どうぞ私たちの気持ちとしてお受け取りください。
这是小小的纪念品，只是略表心意，请您收下吧。
Zhè shì xiǎoxiǎo de jìniànpǐn, zhǐshì lüè biǎo xīnyì, qǐng nín shōuxia ba.

コラム

贈り物をするときの注意点

　中国はやはり面子の国。贈り物をする際はできるだけ立派に見えるもの、豪華に梱包されたもの、大きいものを選ぶことが多いようです。中国に滞在し帰国する際、こちらの都合にお構いなく、旅行カバンに入らないような大きな置物や立派な茶器セットを頂戴し、気持ちはありがたいけれども正直困ったことが何度もあります。

　逆にこちらが中国の人への贈り物を選ぶとき、タブーの品があるので要注意です。例えば、時計を送る ("**送钟** sòng zhōng") のは、その発音が "**送终** sòngzhōng"「最期を看取る」「葬儀をとり行う」と同じなのでタブーと言われています。ほかにも、新婚家庭に梨や傘を持っていくのは、"**梨** lí" は "**离** lí"「別れる」、"**伞** sǎn" は "**散** sàn"「ばらばらになる」に通じるので避けたほうがいいでしょう。

　また、上海語で "**苹果** píngguǒ"「りんご」は "**病故** bìnggù"「病気で亡くなる」と同じ発音なので、上海に限っては病人へのお見舞いの品としてりんごは持っていかないそうです。

　ところ変われば品変わる。現地の習慣や相手の都合も十分配慮してお土産を選ぶ必要がありそうです。

11 空港・ホテルでの送迎

11-1 空港での出迎え

出迎えの際は、まず自分の名前を告げ、遠来のお客様へ労いのことばを忘れないようにしましょう。来訪者および荷物が確実に出迎えの車に乗ってから、ホテルへの移動の車中で具体的スケジュールの話や名刺交換などを行ったほうが効率的で安心です。

🔊 Track 51 ・・・

欢迎你们。我是富将电机公司的望月。我是来迎接各位的。
Huānyíng nǐmen. Wǒ shì Fùjiāng Diànjī Gōngsī de Wàngyuè. Wǒ shì lái yíngjiē gèwèi de.

今天非常感谢各位不辞远路访问日本。
Jīntiān fēicháng gǎnxiè gèwèi bùcí yuǎnlù fǎngwèn Rìběn.

路上怎么样？各位一大早出发一定很累了吧。
Lùshang zěnmeyàng? Gèwèi yídàzǎo chūfā yídìng hěn lèi le ba.

现在我们坐车前往饭店。各位请先上车。
Xiànzài wǒmen zuò chē qiánwǎng fàndiàn. Gèwèi qǐng xiān shàng chē.

等会儿我在车上介绍一下具体的日程安排。
Děng huìr wǒ zài chēshang jièshào yíxià jùtǐ de rìchéng ānpái.

日本語訳

ようこそいらっしゃいました。富将電機の望月と申します。お迎えに上がりました。
皆様、遠路はるばる日本にお越しいただき、ありがとうございました。
道中いかがでしたか？ 今日は朝早く出発され、さぞお疲れのことと存じます。
これから車でホテルに向かいますので、まずはご乗車ください。
後ほど車中で具体的日程についてご紹介します。

語注・解説

迎接 yíngjiē
「出迎える」

▶「見送る」は "送行 sòngxíng"。

不辞远路 bùcí yuǎnlù
「遠路はるばる」

▶ "不辞 bùcí" は「～をいとわない」「辞さない」。"不辞远路 bùcí yuǎnlù" で「遠路をいとわずに」「遠路はるばる」の意となる。"不远千里 bù yuǎn qiān lǐ"「千里を遠しとしない」ともいう。

第4章 宴会／出迎え／見送り

11 空港・ホテルでの送迎

一大早 yídàzǎo
「朝早くから」「早朝」

具体的日程安排 jùtǐ de rìchéng ānpái
「具体的なスケジュールの手はず」

▶ "安排 ānpái" は「手配(する)」「手はず(を整える)」という意味。

関連表現

ホテルまで約2時間かかりますが、お手洗いに行かれる方はいらっしゃいますか？
到饭店大约需要两个小时，哪位要去洗手间吗？
Dào fàndiàn dàyuē xūyào liǎng ge xiǎoshí, nǎ wèi yào qù xǐshǒujiān ma?

皆様のお荷物は揃いましたか？
各位的行李都齐了吗？
Gèwèi de xíngli dōu qí le ma?

両替はホテルでもできますので、まずバスにご乗車ください。
在饭店也可以换钱。请各位先上大巴。
Zài fàndiàn yě kěyǐ huànqián. Qǐng gèwèi xiān shàng dàbā.

11 空港・ホテルでの送迎

11-2 出迎えへの謝意

出迎えられた側は、わざわざ空港まで来ていただいたことへの謝意、フライト遅延の場合は、相手を待たせたことへのお詫びの気持ちを述べましょう。

🔊 **Track 52** ･･

感谢你们百忙之中特意来迎接我们。
Gǎnxiè nǐmen bǎimáng zhī zhōng tèyì lái yíngjiē wǒmen.

今天早上我们飞机在日本起飞时，由于浓雾，
Jīntiān zǎoshang wǒmen fēijī zài Rìběn qǐfēi shí, yóuyú nóngwù,

出发时间延误了一个小时，让你们久等了。非常抱歉。
chūfā shíjiān yánwùle yí ge xiǎoshí, ràng nǐmen jiǔděng le. Fēicháng bàoqiàn.

因为我们都是第一次来中国，也许会给你们添些麻烦。
Yīnwei wǒmen dōu shì dì yī cì lái Zhōngguó, yěxǔ huì gěi nǐmen tiān xiē máfan.

请多关照。
Qǐng duō guānzhào.

[日本語訳]

お忙しい中わざわざお出迎えいただきありがとうございます。
今朝、飛行機が日本を離陸する際、濃霧のため出発が1時間遅れ、皆様をお待たせしてしまいました。申し訳ありません。
私たちは中国訪問は初めてですので、ご面倒をおかけするかもしれませんが、どうぞよろしくお願いします。

[語注・解説]

特意 tèyì
「わざわざ」

起飞 qǐfēi
「離陸する」

[関連用語]

「着陸する」	"降落 jiàngluò"
「降下する」	"下降 xiàjiàng"
「(上下に)揺れる」	"颠簸 diānbǒ"
「シートベルトを締める」	"系好安全带 jìhǎo ānquándài"

第4章 宴会／出迎え／見送り

11 空港・ホテルでの送迎

● **本架飞机很快就开始下降了。** Běn jià fēijī hěn kuài jiù kāishǐ xiàjiàng le. 「当機はまもなく降下を始めます。」

延误 yánwù
「遅延する」

▶ "推迟 tuīchí" ともいう。

[関連用語]

「定刻に到着した」	"准时到了 zhǔnshí dào le"
「30分遅れた」	"推迟了半个小时 tuīchíle bàn ge xiǎoshí"
「30分早まった」	"提前了半个小时 tíqiánle bàn ge xiǎoshí"

● **由于航空管制，起飞时间可能要推迟十五分钟。** Yóuyú hángkōng guǎnzhì, qǐfēi shíjiān kěnéng yào tuīchí shíwǔ fēnzhōng. 「航空管制により、離陸は15分遅れる見込みです。」

関連表現

わざわざ空港までお越しいただき、誠に恐縮です。
特意来机场迎接，实在过意不去。
Tèyì lái jīchǎng yíngjiē, shízài guòyì bú qù.

機内では映画を見る暇もなく、あっという間に到着しました。
在飞机上还来不及看电影，一下子就到了。
Zài fēijīshang hái láibují kàn diànyǐng, yíxiàzi jiù dào le.

カートがあったので、荷物の運搬はとても楽でした。
因为有推车，所以搬运行李很方便。
Yīnwei yǒu tuīchē, suǒyǐ bānyùn xíngli hěn fāngbiàn.

11 空港・ホテルでの送迎

11-3 ホテルでの見送り

中国からの来訪者が訪日を終えて帰国する際、宿泊のホテルでお見送りするシーンでの挨拶です。お客様への労いのことばをかけるとともに、帰国後、先方の会社の皆様へよろしくとのメッセージを託します。

🔊 **Track 53**

这次你们辛苦了。
Zhèi cì nǐmen xīnkǔ le.

因为我跟客户有约，所以无法前往机场，只好送到这里了。
Yīnwei wǒ gēn kèhù yǒu yuē, suǒyǐ wúfǎ qiánwǎng jīchǎng, zhǐhǎo sòngdào zhèli le.

我派小田科长代表公司到机场给各位送行。
Wǒ pài Xiǎotián kēzhǎng dàibiǎo gōngsī dào jīchǎng gěi gèwèi sòngxíng.

这次你们逗留期间的日程安排得很紧，
Zhèi cì nǐmen dòuliú qījiān de rìchéng ānpáide hěn jǐn,

想必你们都有所疲劳了吧。
xiǎngbì nǐmen dōu yǒusuǒ píláo le ba.

回国以后请好好休息，同时也向贵公司领导转达我们的问候。
Huíguó yǐhòu qǐng hǎohāo xiūxi, tóngshí yě xiàng guìgōngsī lǐngdǎo zhuǎndá wǒmen de wènhòu.

[日本語訳]

今回はお疲れ様でした。
私はお客様とアポイントがあり、空港まで参れませんので、ここでお別れしなくてはなりません。会社を代表して小田課長に空港まで見送りに行かせます。
今回はご訪問日程が非常に厳しく、さぞお疲れのことでしょう。
お帰りになりましたらゆっくりお休みください。また御社のトップの皆様方にくれぐれもよろしくお伝えください。

[語注・解説]

跟 gēn 〜有约 yǒu yuē
「〜と約束がある」

▶「約束がある」は "有(个)约会 yǒu (ge) yuēhuì" とも。

▶ ほかに、「デートの約束がある」という意味もある。

11 空港・ホテルでの送迎

派 pài
「派遣する」「～させる」

▶ "派 pài＋人＋動詞" で、「人に～させる」という表現になる。

逗留 dòuliú
「滞在する」

想必 xiǎngbì
「きっと～だろう」

▶ 話し手の推量の気持ちを表す表現。

向 xiàng **～转达我们的问候** zhuǎndá wǒmen de wènhòu
「～へよろしく伝える」

▶ "转达 zhuǎndá" は「伝える」、"问候 wènhòu" は「挨拶（する）」の意。

▶ "向 xiàng ～问好 wènhǎo" ともいえる。

関連表現

当社の夏木社長からも皆様によろしくとのことでした。
我们公司夏木社长要我向各位问好［＝带好儿］。
Wǒmen gōngsī Xiàmù shèzhǎng yào wǒ xiàng gèwèi wènhǎo [=dàihǎor].

道中お気をつけて。来年北京でお会いしましょう。
祝你们一路顺风［＝平安］。明年在北京见吧。
Zhù nǐmen yílù shùnfēng [=píng'ān]. Míngnián zài Běijīng jiàn ba.

中国のご家族、お友達によろしくお伝えください。
请你向中国的家属和朋友们问好。
Qǐng nǐ xiàng Zhōngguó de jiāshǔ hé péngyoumen wènhǎo.

11 空港・ホテルでの送迎

11-4 見送りへの謝意

中国滞在を終え帰国する際の日本側の挨拶です。お世話になったことへの感謝に始まり、今回の訪問での成果と感想を述べ、最後に相手の日本訪問を歓迎し再度感謝の意を述べて締め括ります。

🔊 **Track 54**

在我们逗留期间，承蒙你们无微不至的照顾，
Zài wǒmen dòuliú qījiān, chéngméng nǐmen wú wēi bú zhì de zhàogù,
使我们获得了丰硕的成果，实在是非常感谢。
shǐ wǒmen huòdéle fēngshuò de chéngguǒ, shízài shì fēicháng gǎnxiè.
这次我们相隔二十年来了大连，能亲眼看到整个城市
Zhèi cì wǒmen xiānggé èrshí nián lái le Dàlián, néng qīnyǎn kàndào zhěnggè chéngshì
充满活力，人们都很热情，又很亲切，使我们非常感动。
chōngmǎn huólì, rénmen dōu hěn rèqíng, yòu hěn qīnqiè, shǐ wǒmen fēicháng gǎndòng.
我要把这些美好的回忆带回日本去。
Wǒ yào bǎ zhèixiē měihǎo de huíyì dàihui Rìběn qu.
也欢迎你们有机会来日本。再次感谢你们。再见。
Yě huānyíng nǐmen yǒu jīhuì lái Rìběn. Zàicì gǎnxiè nǐmen. Zàijiàn.

|日本語訳|

私たちの滞在中、皆様に至れり尽くせりのお世話をいただきましたおかげで、大きな成果を上げることができました。ありがとうございました。
今回大連は 20 年ぶりでしたが、街に活気があって、人々が皆親切で親しみやすいことを目の当たりにして大変感動いたしました。
この美しい思い出を日本に持ち帰りたいと思います。
是非機会があれば日本へのご来訪をお待ち申し上げております。本当にありがとうございました。さようなら。

第4章 宴会／出迎え／見送り

|語注・解説|

承蒙 chéngméng
「〜をいただく」「〜にあずかる」「〜をたまわる」
　●"承蒙厚爱 chéngméng hòu'ài"「ご愛顧をたまわる」

无微不至 wú wēi bú zhì
「至れり尽くせりである」

11 空港・ホテルでの送迎

▶「きめ細やかなおもてなし」は "细致入微的照顾 xìzhì rùwēi de zhàogù" という。

获得了丰硕的成果 huòdéle fēngshuò de chéngguǒ
「大きな成果を得た」

▶ "丰硕 fēngshuò" は「（果実が）大きい」という意味だが、この例のように「成果が大きい」「実り多い」という比喩的な意味で使われることも多い。

相隔 xiānggé
「隔たる」「離れている」

▶ "相隔二十年来了大连 xiānggé èrshí nián lái le Dàlián" で「20 年ぶりで大連に来た」の意。

亲眼 qīnyǎn
「自分自身の目で」

充满活力 chōngmǎn huólì
「活気が満ちている」

亲切 qīnqiè
「親しみやすい」

▶ 日本語の「親切」とはやや意味が異なるので注意。「親切である」は、"热情 rèqíng" という語を使う。

関連表現

今回は忙しい日程でしたが、大連から海口までかけ足で見て回りました。
这次日程安排虽然紧张，但还是能从大连一直到海口走马观花地转了一遍。
Zhèi cì rìchéng ānpái suīrán jǐnzhāng, dàn háishi néng cóng Dàlián yìzhí dào Hǎikǒu zǒu mǎ guān huā de zhuànle yí biàn.

上海では地下鉄網が張り巡らされていて、どこに行くのも便利であると今回身を持って体験できました。
这次我亲身体会到上海的地铁路线四通八达，去哪里都很方便。
Zhèi cì wǒ qīnshēn tǐhuìdào Shànghǎi de dìtiě lùxiàn sì tōng bā dá, qù nǎli dōu hěn fāngbiàn.

これほど立派なお土産を頂戴し、感謝のことばもありません。
你们还送我们这么好的礼品，不知应该怎样感谢才好。
Nǐmen hái sòng wǒmen zhème hǎo de lǐpǐn, bù zhī yīnggāi zěnyàng gǎnxiè cái hǎo.

第5章
式典・イベントでの挨拶

12 結婚式 / 葬儀

12-1 結婚式での司会挨拶

日本では先に身内だけの結婚式を行い、その後、上司、友人、知人を入れての披露宴という形が多いですが、中国では最初から全員が宴会場に集まり、そこに新郎新婦が入場し、出席者全員の前で結婚を宣言し宴会が始まります。

🔊 Track 55

大家好！在这阳光明媚，喜气洋洋的美好日子里，
Dàjiā hǎo! Zài zhè yángguāng míngmèi, xǐ qì yáng yáng de měihǎo rìzili,

我们迎来了小林拓也先生和陈芳女士的结婚庆典。
wǒmen yínglaile Xiǎolín Tuòyě xiānsheng hé Chén Fāng nǚshì de jiéhūn qìngdiǎn.

我是新郎的同事名叫和田英夫，
Wǒ shì xīnláng de tóngshì míng jiào Hétián Yīngfū,

我受双方家长的重托担任今天的主持人。
wǒ shòu shuāngfāng jiāzhǎng de zhòngtuō dānrèn jīntiān de zhǔchírén.

首先请允许我代表新郎、新娘和他们的家人
Shǒuxiān qǐng yǔnxǔ wǒ dàibiǎo xīnláng, xīnniáng hé tāmen de jiārén

对大家的光临表示衷心的感谢。
duì dàjiā de guānglín biǎoshì zhōngxīn de gǎnxiè.

我宣布结婚庆典仪式现在开始。
Wǒ xuānbù jiéhūn qìngdiǎn yíshì xiànzài kāishǐ.

让我们以最热烈的掌声欢迎二位新人入场！
Ràng wǒmen yǐ zuì rèliè de zhǎngshēng huānyíng èr wèi xīnrén rùchǎng!

日本語訳

皆様こんにちは！ 陽の光が降り注ぎ、喜び溢れるこの良き日に、小林拓也君と陳芳さんの結婚式を迎えることになりました。
私は新郎の同僚の和田英夫と申します。ご両家からのご依頼により本日の司会を担当させていただきます。
まず僭越ながら新郎新婦のお二人ならびにご両家を代表して、ご来席の皆様のご臨席に心からの感謝の意を申し述べます。
それではこれから結婚式典を始めさせていただきます。
どうか盛大な拍手で二人の入場をお迎えください。

12-1 結婚式での司会挨拶

語注・解説

阳光明媚 yángguāng míngmèi
「陽の光が降り注ぐ」

▶ "明媚 míngmèi" は「(景色などが) 美しい」「うららかである」ということ。

喜气洋洋 xǐ qì yáng yáng
「喜び溢れる」

▶ 良き日を表す四字の決まりことば。以下の表現も覚えておこう。

関連用語

"欢声笑语 huānshēng xiàoyǔ"　「喜びと笑い声が満ち溢れる」
"天降吉祥 tiān jiàng jíxiáng"　「縁起のいい」
"天赐良缘 tiān cì liángyuán"　「良縁がもたらされる」
"喜结良缘 xǐ jié liángyuán"　「良縁に結ばれた」

结婚庆典 jiéhūn qìngdiǎn
「結婚式」「結婚披露宴」

▶ "婚礼 hūnlǐ" または "结婚典礼 jiéhūn diǎnlǐ" などと言っても同じ。

受 shòu 〜的重托 de zhòngtuō
「〜のご依頼により」

▶ "重托 zhòngtuō" は「任の重い依頼」の意。

以最热烈的掌声 yǐ zuì rèliè de zhǎngshēng
「熱烈な拍手で」

新人 xīnrén
「新郎新婦」

▶「新人」「新顔」などの意味もあるが、ここでは「新郎新婦」"新郎、新娘 xīnláng, xīnniáng" を意味する。

関連表現

本日の全てのお客様が存分に召し上がり楽しく過ごされ、新郎新婦の喜びを分かち合っていただけますよう願っております。

希望今天所有的来宾能吃得开心、过得愉快，共同分享新郎新娘的喜悦。
Xīwàng jīntiān suǒyǒu de láibīn néng chīde kāixīn, guòde yúkuài, gòngtóng fēnxiǎng xīnláng xīnniáng de xǐyuè.

第5章 式典・イベントでの挨拶

12 結婚式 / 葬儀

この良き日を最も喜んでおられるのは両家のご両親です。
在这喜庆日子里最高兴的应该是两家的父母。
Zài zhè xǐqìng rìzili zuì gāoxìng de yīnggāi shì liǎng jiā de fùmǔ.

天にあっては比翼の鳥となり、地にあっては連理の枝とならん。
在天愿作比翼鸟，在地愿为连理枝。
Zài tiān yuàn zuò bǐyìniǎo, zài dì yuàn wéi liánlǐzhī.
＊白居易（白楽天）の長編叙事詩「長恨歌」の中の有名な一節。男女の情愛が深いことのたとえ。

コラム

中国の結婚式

　中国の結婚式は、日本と違ってかなり自由で賑やかな雰囲気で行われます。結婚式の数日前には赤い紙の招待状 "请柬 qǐngjiǎn" が届けられますが、招待状をもらった人は家族や友人を連れて行ってもOKで、服装も普段着のままの人も沢山います。日本でおめでたいときに使う白いネクタイは、白は葬儀の色なので禁物です。会場には円卓が沢山並べられますが、一番前の中央席は新郎新婦の両親と親戚が占め、ほかのテーブルは職場関係、学校関係、友人関係などと指定され、各テーブルで座る席は自由というのが一般的です。

　おめでたい8の数字に合わせて、結婚式のスタートも8分、18分など8のつく時間に始めることが多く、司会者の式典開始宣言に続き、新郎新婦が入場し、全員の前で結婚式となります。宗教の色合いはなく、結婚の宣言、両親への挨拶、関係者の祝辞等が比較的簡単に行われます。その後は宴会開始です。宴会が始まると後は自由で、途中で退席しても一向に構いません。

　式に呼ばれた人は、"红包 hóngbāo" という赤い袋にお金を入れて、新郎新婦本人に直接渡します。さてその金額ですが、人によってまちまち。200–300元から1000元以上まで、中にはおめでたい数字ということで888元渡す人もいます。

　結婚式の後は、新郎新婦とも職場で "喜糖 xǐtáng" と呼ばれる飴を配って幸せのおすそ分けをします。

12 結婚式 / 葬儀

12-2 結婚式でのお祝いのスピーチ

お祝いの挨拶です。短いスピーチの中でも、祝福のことばに始まり、自分の考えや希望を述べた後、最後に再度祝福のことばというパターンを作ります。スピーチの最後は、四字の決まりことばを使ってうまくクロージングしましょう。

🔊 Track 56

恭喜你们！
Gōngxǐ nǐmen!

衷心祝贺你们的爱情长跑今天胜利抵达终点。
Zhōngxīn zhùhè nǐmen de àiqíng chángpǎo jīntiān shènglì dǐdá zhōngdiǎn.

能找到一个理想的终身伴侣是人生最幸福的事。
Néng zhǎodào yí ge lǐxiǎng de zhōngshēn bànlǚ shì rénshēng zuì xìngfú de shì.

希望你们能够建立令人羡慕的美好家庭。
Xīwàng nǐmen nénggòu jiànlì lìng rén xiànmù de měihǎo jiātíng.

衷心祝福两位新人爱河永浴，白头偕老。
Zhōngxīn zhùfú liǎng wèi xīnrén àihé yǒng yù, bái tóu xié lǎo.

日本語訳

おめでとうございます。
本日めでたくゴールインされたお二人に、心からお慶びとお祝いを申し上げます。
理想的な終生の伴侶にめぐり会えるのは人生の最高の幸せです。
どうか誰もが羨むような素晴らしいご家庭をお築きください。
新婚のお二人が仲睦ましく、いつまでもお幸せに過ごされますようお祈り申し上げております。

語注・解説

长跑 chángpǎo
「長距離走」

胜利抵达终点 shènglì dǐdá zhōngdiǎn
「めでたくゴールに到着する」
▶ "胜利 shènglì" は「めでたく」「順調に」、"抵达 dǐdá" は「到着する」の意。

终身伴侣 zhōngshēn bànlǚ
「生涯の伴侶」

12 結婚式 / 葬儀

建立 jiànlì
「作り上げる」「築き上げる」

▶ "建立家庭 jiànlì jiātíng" で「家庭を築く」。

令人羡慕 lìng rén xiànmù
「人をうらやましがらせる」

▶ "令人 lìng rén 〜" で「人に〜させる」の意。

爱河永浴 àihé yǒng yù
「永久に愛し合う」

▶ 直訳すると、「愛の河に永遠に浴する」ということ。

白头偕老 bái tóu xié lǎo
「共に白髪になるまで仲良く寄り添う」

▶ "偕 xié" は「共に」「一緒に」という意味。

[関連用語]

"百年好合 bǎinián hǎohé"　　「末永く睦まじい」
"永结同心 yǒng jié tóngxīn"　「永久に心を一つにする」
"心心相印 xīn xīn xiāng yìn"　「心と心が相通じ合う」
"相亲相爱 xiāngqīn xiāng'ài"　「互いに相親しみ愛し合う」

[関連表現]

新郎新婦は本当にお似合いのカップルです。
二位新人真是非常般配的一对。
Èr wèi xīnrén zhēn shì fēicháng bānpèi de yí duì.

いつまでも親孝行を忘れないでください。
希望你们永远孝顺父母。
Xīwàng nǐmen yǒngyuǎn xiàoshùn fùmǔ.

お二人のご良縁をお祝い申し上げ、いつまでも心を一つに仲良く過ごされますようお祈り申し上げます。
恭喜两位喜结良缘。祝你们永结同心，百年好合。
Gōngxǐ liǎng wèi xǐ jié liángyuán. Zhù nǐmen yǒng jié tóngxīn, bǎinián hǎohé.

12 結婚式 / 葬儀

12-3 新郎新婦のお礼のことば

結婚式に参列いただいたことに感謝するほか、式中での励ましのスピーチや、これまでの二人へのご鞭撻に対してお礼を述べ、最後に皆様のご健勝を祈ります。

🔊 Track 57 ••

今天非常感谢各位前来参加我们的婚礼。
Jīntiān fēicháng gǎnxiè gèwèi qiánlai cānjiā wǒmen de hūnlǐ.

刚才听到很多鼓励我们的致辞，我心里非常地激动。
Gāngcái tīngdào hěn duō gǔlì wǒmen de zhìcí, wǒ xīnli fēicháng de jīdòng.

今天我们终于能够迎来这一天，
Jīntiān wǒmen zhōngyú nénggòu yínglai zhè yì tiān,

少不了在座各位多方面的帮助。
shǎobuliǎo zàizuò gèwèi duō fāngmiàn de bāngzhù.

希望各位对还不成熟的我们继续予以鼓励和指导。
Xīwàng gèwèi duì hái bù chéngshú de wǒmen jìxù yǔyǐ gǔlì hé zhǐdǎo.

最后，祝各位身体健康，万事如意。谢谢。
Zuìhòu, zhù gèwèi shēntǐ jiànkāng, wànshì rúyì. Xièxie.

[日本語訳]

本日はお忙しい中、私たちの結婚式にお集まりいただきありがとうございました。
先ほどより皆様から沢山の激励のおことばを頂戴し、心より感動しております。
今日の日を迎えることができましたのは、ひとえにここにいらっしゃる皆様のご支援の賜物です。何卒今後とも変わらず、まだまだ未熟な私たちへのご指導、ご鞭撻のほどお願い申し上げます。
最後になりましたが、皆様のご健康とご多幸をお祈り申し上げ、私たちの感謝のことばとさせていただきます。

語注・解説

鼓励 gǔlì
「励ます」「激励する」

少不了 shǎobuliǎo
「欠くことができない」

12 結婚式 / 葬儀

还不成熟 hái bù chéngshú
「まだまだ未熟な」

関連用語

"初出茅庐 chū chū máo lú"　「社会に出たばかり」「駆け出し」
"涉世不深 shèshì bù shēn"　「世間知らず」

● 他涉世不深，简直还是一个小孩子。Tā shèshì bù shēn, jiǎnzhí háishi yí ge xiǎoháizi.
　「彼は世間知らずでまだまだ子供です。」

予以鼓励和指导 yǔyǐ gǔlì hé zhǐdǎo
「励まし、ご指導くださる」

▶ "予以 yǔyǐ" は「〜を与える」「〜してあげる」の意。

関連表現

本日は皆様大変お忙しい中、ご列席の上祝福を頂戴し、私たちは本当に幸せです。心から感謝申し上げます。
今天大家为我们在百忙之中拨冗前来，送上祝福，我们感到十分幸福，在此表示衷心的感谢。
Jīntiān dàjiā wèi wǒmen zài bǎimáng zhī zhōng bōrǒng qiánlái, sòngshang zhùfú, wǒmen gǎndào shífēn xìngfú, zài cǐ biǎoshì zhōngxīn de gǎnxiè.

お父さん、お母さん、私たちは絶対にお二人の信頼に背くことはありません。
爸爸、妈妈，我们绝对不会辜负你们的信任。
Bàba, māma, wǒmen juéduì bú huì gūfù nǐmen de xìnrèn.

今日は、私たちにとって生涯忘れられない一日となりました。
今天对我们来说是终身难忘的一天了。
Jīntiān duì wǒmen lái shuō shì zhōngshēn nánwàng de yì tiān le.

12 結婚式 / 葬儀

12-4 告別式におけるお悔やみのことば

中国での葬儀は"殡仪馆 bìnyíguǎn"という葬儀場で行われます。通常、日本のように僧侶が経を唱えることもなく、比較的簡便に行われます。儀式の最後に参列者が棺の周りを一周して死者にお別れをし、ご遺族にお悔やみの挨拶をします。

🔊 **Track 58**

昨天突然听到刘先生去世的消息时，
Zuótiān tūrán tīngdào Liú xiānsheng qùshì de xiāoxi shí,

我简直无法相信自己的耳朵。
wǒ jiǎnzhí wúfǎ xiāngxìn zìjǐ de ěrduo.

他那精力充沛，精神焕发的样子还历历在目。
Tā nà jīnglì chōngpèi, jīngshen huànfā de yàngzi hái lì lì zài mù.

让我表示沉痛的哀悼，为他祈祷冥福。
Ràng wǒ biǎoshì chéntòng de āidào, wèi tā qídǎo míngfú.

|日本語訳|

昨日、劉さんの訃報を聞いたときは、本当に自分の耳が信じられませんでした。
かくしゃくとして元気いっぱいのお姿が、はっきりと目に浮かんで参ります。
心よりお悔やみ申し上げますとともに、ご冥福をお祈りいたしております。

|語注・解説|

去世 qùshì
「逝去する」「死去する」

▶ "去世的消息 qùshì de xiāoxi" で「逝去の知らせ」、つまり「訃報」のこと。「訃報」は "讣告 fùgào" "讣闻 fùwén" ともいう。

无法 wúfǎ 〜
「〜する方法がない」「〜しようがない」「どうしても〜できない」

精力充沛 jīnglì chōngpèi
「精力が旺盛である」

精神焕发 jīngshen huànfā
「元気がみなぎっている」

12 結婚式 / 葬儀

历历在目 lì lì zài mù
「はっきりと目に浮かぶ」

▶ "历历 lìlì" は「ありありと」「はっきりと」の意。

表示沉痛的哀悼 biǎoshì chéntòng de āidào
「心からお悔やみ申し上げる」

▶ "沉痛的 chéntòng de" は「沈痛なる」「深く悲しい」の意。

祈祷冥福 qídǎo míngfú
「ご冥福をお祈りする」

関連表現

安らかにお眠りください。
请你安息吧。
Qǐng nǐ ānxī ba.

あの方のことはいつまでも忘れません。
我会永远缅怀他的。
Wǒ huì yǒngyuǎn miǎnhuái tā de.

どうかあまりお心を痛められませんよう。
请您节哀。／请您不要太伤心。
Qǐng nín jié'āi./Qǐng nín búyào tài shāngxīn.

13 お祝い / イベント

13-1 大学合格祝い

大学合格のお祝いを述べるとともに、これまでの努力を称え、最後に今後のさらなる奮起を促します。

🔊 **Track 59**

祝贺你考上了大学。
Zhùhè nǐ kǎoshangle dàxué.

你能考到理想的大学应该是你日以继夜，勤奋学习的结果。
Nǐ néng kǎodào lǐxiǎng de dàxué yīnggāi shì nǐ rì yǐ jì yè, qínfèn xuéxí de jiéguǒ.

希望你入学后不要忘记初衷，再接再厉，
Xīwàng nǐ rùxué hòu búyào wàngjì chūzhōng, zài jiē zài lì,

向你美好的未来继续迈进。
xiàng nǐ měihǎo de wèilái jìxù màijìn.

[日本語訳]

大学合格おめでとうございます。

希望の大学に合格できたのは、君が昼夜、勉学に励んだ結果です。

大学が始まってからも初心を忘れることなく、努力を重ね、明るい未来に向かって突き進んでください。

[語注・解説]

考上大学 kǎoshang dàxué
「大学に合格する」

▶「(試験に) 合格する」は "(考试) 及格 (kǎoshì) jígé" ともいう。

▶「不合格」の場合は、"没考上 méi kǎoshang"「合格しなかった」、"不及格 bù jígé"「不合格だ」、"名落孙山 míng luò Sūn Shān"「不合格となる」などという。なお、"名落孙山" の「孙山」は、科挙の試験での最下位合格者の名前。この人よりも下ということで「不合格」の意味となる。

日以继夜 rì yǐ jì yè
「夜を日に継いで」「昼夜兼行で」

▶"夜以继日 yè yǐ jì rì" も同じ意味。

13 お祝い / イベント

初衷 chūzhōng
「初心」
▶「初心忘れるべからず」は "勿忘初衷 wù wàng chūzhōng" という。

再接再厉 zài jiē zài lì
「さらに努力を積み重ねる」

继续迈进 jìxù màijìn
「引き続き邁進する」
▶ここでは "向你美好的未来继续迈进 xiàng nǐ měihǎo de wèilái jìxù màijìn" で、「あなたのすばらしい未来に向かって邁進を続ける」の意。

関連表現

難関を突破し、有名大学への合格おめでとう。
祝贺你突破难关，考上了名牌大学。
Zhùhè nǐ tūpò nánguān, kǎoshangle míngpái dàxué.

センター試験での好成績おめでとう。
恭喜你高考取得了好成绩。
Gōngxǐ nǐ gāokǎo qǔdéle hǎo chéngjì.
＊"高考 gāokǎo" は "全国高等院校招生统一考试 quánguó gāoděng yuànxiào zhāoshēng tǒngyī kǎoshì" の略称。日本のセンター試験に相当する。

これであなたの前途は洋々です。
现在你的前途是一片光明的。
Xiànzài nǐ de qiántú shì yí piàn guāngmíng de.

体に気をつけて勉学に励んでください。
祝你身体健康，学习进步。
Zhù nǐ shēntǐ jiànkāng, xuéxí jìnbù.

13 お祝い / イベント

13-2 就職決定祝い

就職が決まった人に対するお祝いの挨拶です。祝賀の意を伝えるとともに、今後の奮起を期待します。

🔊 **Track 60**

祝贺你找到了理想的工作。
Zhùhè nǐ zhǎodàole lǐxiǎng de gōngzuò.

我相信你在这家公司里能充分发挥你在学校里学到的知识。
Wǒ xiāngxìn nǐ zài zhèi jiā gōngsīli néng chōngfèn fāhuī nǐ zài xuéxiàoli xuédào de zhīshi.

你父母也会很高兴吧。
Nǐ fùmǔ yě huì hěn gāoxìng ba.

我希望你今后能尽快适应新的生活，不断提高自己，
Wǒ xīwàng nǐ jīnhòu néng jǐnkuài shìyìng xīn de shēnghuó, búduàn tígāo zìjǐ,

作为社会的一员艰苦奋斗，为社会作出应有的贡献。
zuòwéi shèhuì de yì yuán jiānkǔ fèndòu, wèi shèhuì zuòchu yīng yǒu de gòngxiàn.

日本語訳

ご希望通りの就職決定、おめでとうございます。
学校で学んだことがこの会社でフルに発揮できると思います。
ご両親もさぞお喜びのことでしょう。
今後、速やかに新しい生活に慣れ、絶えず自分を向上し、一人の社会人として奮闘され、世の中に貢献されるよう期待しています。

語注・解説

找到工作 zhǎodào gōngzuò
「仕事を見つける」

関連用語

「リクルート活動」	"招聘活动 zhāopìn huódòng"
「就職活動」	"就业活动 jiùyè huódòng"
「採用する」	"录用 lùyòng"
「人材募集」	"招聘人员 zhāopìn rényuán" "招募人员 zhāomù rényuán"
「面接（する）」	"面试 miànshì"
「アルバイト」	"临时工 línshígōng"

第5章 式典・イベントでの挨拶

13 お祝い / イベント

● 今年的招聘活动比往年早开始了两个月。Jīnnián de zhāopìn huódòng bǐ wǎngnián zǎo kāishǐ le liǎng ge yuè. 「今年のリクルート活動は例年よりも2か月早くスタートした。」

适应 shìyìng
「適応する」「なじむ」

▶ "习惯 xíguàn"「慣れる」ともいえる。

艰苦奋斗 jiānkǔ fèndòu
「刻苦奮闘する」

应有 yīng yǒu
「当然あるべき」

▶ "应有尽有 yīng yǒu jìn yǒu" は、「あるべきものはすべてある」「何でも揃っている」の意。

関連表現

仕事を見つけたからには「石の上にも三年」の気持ちで頑張ってほしいと思います。
既然找到了工作，我希望你以"铁杵磨成针"的精神耐心地坚持下去。
Jìrán zhǎodàole gōngzuò, wǒ xīwàng nǐ yǐ "tiěchǔ móchéng zhēn" de jīngshen nàixīn de jiānchíxiaqu.
＊ "铁杵磨成针 tiěchǔ móchéng zhēn" は「鉄の杵を研いで針にする」の意。

ご専門の分野が生かせる仕事が見つかってよかったですね。
祝贺你找到了能发挥你专长的工作。
Zhùhè nǐ zhǎodàole néng fāhuī nǐ zhuāncháng de gōngzuò.

仕事を始めると大変なことも沢山あると思いますが、持ち前のファイトで乗り越えてください。
开始工作以后你会遇到不少困难，但我希望你以你那艰苦奋斗的精神来克服它。
Kāishǐ gōngzuò yǐhòu nǐ huì yùdào bùshǎo kùnnan, dàn wǒ xīwàng nǐ yǐ nǐ nà jiānkǔ fèndòu de jīngshén lái kèfú tā.

13 お祝い／イベント

13-3 ゴルフコンペ幹事挨拶

ゴルフは中国でも盛んになってきており、社交の場として活用する人も増えています。基本的なゴルフ用語も覚えましょう。

🔊 **Track 61** ••

第八届上海杯高尔夫球比赛开幕式现在开始。
Dì bā jiè Shànghǎibēi gāo'ěrfūqiú bǐsài kāimùshì xiànzài kāishǐ.

按惯例上次比赛的冠军三浦先生和倒数第二名的
Àn guànlì shàngcì bǐsài de guànjūn Sānpǔ xiānsheng hé dàoshǔ dì èr míng de

我和田来担任这次比赛的主持人。
wǒ Hétián lái dānrèn zhèi cì bǐsài de zhǔchírén.

今天秋高气爽，风和日丽，是最适合打高尔夫球的日子。
Jīntiān qiū gāo qì shuǎng, fēng hé rì lì, shì zuì shìhé dǎ gāo'ěrfūqiú de rìzi.

希望大家，充分发挥各自的实力，争取最好的成绩。
Xīwàng dàjiā, chōngfèn fāhuī gèzì de shílì, zhēngqǔ zuì hǎo de chéngjì.

[日本語訳]

ただ今より第8回上海杯ゴルフコンペの開会式を始めます。

慣例によりまして、前回大会の優勝者三浦さんとブービーの私、和田が今回の幹事を担当させていただきます。

本日はすがすがしい秋空のもと、風もなくゴルフ日和の素晴らしい天気に恵まれました。是非皆様の実力を発揮して、素晴らしい成績を出していただきたいと思います。

[語注・解説]

第八届 dì bā jiè
「第8回」

▶ "届 jiè" は会や催しなどの回数を数える量詞。

高尔夫球 gāo'ěrfūqiú
「ゴルフ」

[関連用語]

「ドライバー」	"一号木杆 yī hào mùgān"
「5番アイアン」	"五号铁杆 wǔ hào tiěgān"
「パター」	"推杆 tuīgān"

第5章 式典・イベントでの挨拶

13 お祝い / イベント

「8番ホール」	"八号洞 bā hào dòng"
「キャディー」	"球童 qiútóng"
「グリーン」	"果岭 guǒlǐng"
「バンカー」	"沙坑 shākēng"
「グロススコア」	"总杆数 zǒnggānshù"
「ネットスコア」	"净杆数 jìnggānshù"
「ホールインワン」	"一杆进洞 yì gǎn jìn dòng"
「バーディー」	"小鸟球 xiǎoniǎoqiú"
「イーグル」	"老鹰球 lǎoyīngqiú"
「パー」	"标准杆 biāozhǔngān"
「ボギー」	"柏忌 bǎijì" "超一击 chāo yì jī"
「ハンディキャップ」	"差点 chādiǎn" "差杆 chāgān"

●比标准杆少一杆叫小鸟球，少两杆叫老鹰球。Bǐ biāozhǔngān shǎo yì gān jiào xiǎoniǎoqiú, shǎo liǎng gān jiào lǎoyīngqiú.「基準打数よりも1打少ないのをバーディー、2打少ないのをイーグルといいます。」

●到果岭还有多少码？Dào guǒlǐng hái yǒu duōshao mǎ?「グリーンまであと何ヤードありますか？」

比赛 bǐsài
「コンペ」「試合」

按惯例 àn guànlì
「慣例により」

▶ "按 àn 〜"は「〜に基づき」の意味。

冠军 guànjūn
「優勝（者）」

▶ "第一名 dì yī míng"「第1位の人」といっても同じ。

倒数第二名 dàoshǔ dì èr míng
「ブービー」「成績が下から2番目の人」

▶ なお、「ビリになる」は "得倒数第一（名）dé dàoshǔ dì yī (míng)" "得最后一名 dé zuìhòu yì míng" などという。

秋高气爽 qiū gāo qì shuǎng
「秋空が天高く空気がすがすがしい」

▶ ほかにも、秋のすがすがしい様子を形容した表現として "秋高马肥 qiū gāo mǎ féi"「天高く馬肥ゆる」がある。

风和日丽 fēng hé rì lì
「風が穏やかで日がうららかな」

争取最好的成绩 zhēngqǔ zuì hǎo de chéngjì
「素晴らしい成績を収める」

▶ "争取 zhēngqǔ"は「(努力して)獲得する」「勝ち取る」という意味。"取得 qǔdé"「獲得する」でも良い。

関連表現

プレー終了後、2階の食堂で表彰式を行いますのでご参集ください。
比赛结束后，在二楼餐厅举行颁奖仪式，请大家集合。
Bǐsài jiéshù hòu, zài èr lóu cāntīng jǔxíng bānjiǎng yíshì, qǐng dàjiā jíhé.

池ポチャは、2打罰で数えます。
如果进水的话，要罚两杆。
Rúguǒ jìn shuǐ de huà, yào fá liǎng gān.

スコアカードの提出を忘れないでください。
请不要忘了提交记分卡。
Qǐng búyào wàngle tíjiāo jìfēnkǎ.

13 お祝い／イベント

13-4 誕生パーティーでの挨拶（祝う側）

友人である陳美香さんの誕生パーティーでの挨拶です。手作りのケーキやプレゼントを用意してお祝いします。

🔊 **Track 62** ∙∙

陈美香，生日快乐！
Chén Měixiāng, shēngrì kuàilè!

我代表在坐的所有朋友祝贺你十八岁生日快乐。
Wǒ dàibiǎo zàizuò de suǒyǒu péngyou zhùhè nǐ shíbā suì shēngrì kuàilè.

我们亲自做了生日蛋糕，也准备了一些礼物，希望你喜欢。
Wǒmen qīnzì zuòle shēngrì dàngāo, yě zhǔnbèile yìxiē lǐwù, xīwàng nǐ xǐhuan.

今天让我们愉快地度过美好时光，一起庆祝你的生日吧。
Jīntiān ràng wǒmen yúkuài de dùguò měihǎo shíguāng, yìqǐ qìngzhù nǐ de shēngrì ba.

[日本語訳]
陳美香さん、お誕生日おめでとう。
私はここにいる友人一同を代表して陳さんの18歳のお誕生日をお祝いしたいと思います。皆で手作りのケーキとプレゼントを用意しました。気に入ってもらえると嬉しいです。
今日は皆で楽しい時間を過ごし、共に誕生日を祝いましょう。

[語注・解説]

生日快乐 shēngrì kuàilè
「誕生日おめでとう」

▶ "祝贺你 zhùhè nǐ ～岁生日快乐 suì shēngrì kuàilè" は「あなたの～歳の誕生日をお祝いする」の意。

生日蛋糕 shēngrì dàngāo
「バースデーケーキ」

[関連用語]

「誕生日パーティー」	"生日宴会 shēngrì yànhuì" "生日派对 shēngrì pàiduì"
「誕生日プレゼント」	"生日礼物 shēngrì lǐwù"
「バースデーカード」	"生日卡 shēngrìkǎ"

度过美好时光 dùguò měihǎo shíguāng
「素晴らしい時間を過ごす」

▶ "度过 dùguò" は「過ごす」、"时光 shíguāng" は「時」「時間」「月日」。

庆祝（你的）生日 qìngzhù (nǐ de) shēngri
「（あなたの）誕生日を祝う」

▶ "庆祝 qìngzhù"「祝う」は "祝贺 zhùhè" "庆贺 qìnghè" などとほぼ同じ。

関連表現

それでは一緒に "Happy Birthday to You" を歌って誕生日を祝いましょう。
现在我们一起唱"生日歌"来庆祝生日吧。
Xiànzài wǒmen yìqǐ chàng "Shēngrìgē" lái qìngzhù shēngrì ba.

先生は還暦を過ぎても、ますますしっかりとお元気なご様子で、大変嬉しく存じます。
老师虽然年过花甲，但是老当益壮，精神很好，我感到很高兴。
Lǎoshī suīrán nián guò huājiǎ, dànshì lǎo dāng yì zhuàng, jīngshen hěn hǎo, wǒ gǎndào hěn gāoxìng.

＊"老当益壮 lǎo dāng yì zhuàng" は「老いてますます盛んだ」の意。

米寿おめでとうございます。
恭喜您八十八岁寿辰。
Gōngxǐ nín bāshibā suì shòuchén.

13 お祝い／イベント

13-5 誕生パーティーでの挨拶（祝われる側）

皆からの祝福のことばやプレゼントへの感謝に始まり、この日が一生の思い出となることを述べ、最後に「今日は楽しく過ごしましょう」と締めます。

🔊 **Track 63**

今天非常感谢你们前来祝贺我的生日，
Jīntiān fēicháng gǎnxiè nǐmen qiánlai zhùhè wǒ de shēngrì,

还送上这么多美好的礼物。
hái sòngshang zhème duō měihǎo de lǐwù.

对我来说今天是首次在海外过生日，而且这么多中国
Duì wǒ lái shuō jīntiān shì shǒucì zài hǎiwài guò shēngrì, érqiě zhème duō Zhōngguó

和日本朋友来祝贺我，所以我会永远铭记在心。
hé Rìběn péngyou lái zhùhè wǒ, suǒyǐ wǒ huì yǒngyuǎn míngjìzài xīn.

谢谢你们。希望大家今天过得愉快。
Xièxie nǐmen. Xīwàng dàjiā jīntiān guòde yúkuài.

[日本語訳]

皆さん、今日は私の誕生日を祝ってくれて、また沢山の素敵なプレゼントまでいただいて、ありがとうございました。
私にとって今日は海外で迎える初めての誕生日で、しかもこんなに大勢の中国や日本の友達に祝ってもらえて、ずっと心に残るものになると思います。
本当にありがとう。今日は皆で楽しく過ごしましょう。

語注・解説

美好的礼物 měihǎo de lǐwù
「素敵なプレゼント」

首次 shǒucì
「初めての」

▶ "初次 chūcì" "第一次 dì yī cì" に同じ。ちなみに、初対面の挨拶の「初めまして」は、"初次见面 chūcì jiànmiàn"。

铭记在心 míngjìzài xīn
「心に残る」「心に銘記する」

13-5 誕生パーティーでの挨拶（祝われる側）

▶ ほかに、"忘不了 wàngbuliǎo"「忘れられない」、"牢记在心 láojìzài xīn"「しっかりと心に刻む」という言い方もある。

関連表現

私は今日で 21 歳になりました。
我今天有二十一岁了。
Wǒ jīntiān yǒu èrshíyī suì le.

これはちょうど私がずっと欲しかったものです。本当にありがとう。
这正好是我一直想要的东西。非常感谢。
Zhè zhènghǎo shì wǒ yìzhí xiǎng yào de dōngxi. Fēicháng gǎnxiè.

こんなに立派なものを頂戴し、大変恐縮です。
送给我这么贵重的东西，实在过意不去。
Sònggěi wǒ zhème guìzhòng de dōngxi, shízài guòyì bú qù.

今日は大した料理もお酒もありませんが、沢山召し上がってください。
今天没什么佳肴美酒，但希望大家吃好，喝好。
Jīntiān méi shénme jiāyáo měijiǔ, dàn xīwàng dàjiā chīhǎo, hēhǎo.

第5章 式典・イベントでの挨拶

13 お祝い／イベント

13-6 出産のお祝い

子供が生まれた人へのお祝いのことばです。「男の子」、「女の子」の尊称も覚えましょう。

🔊 Track 64

恭喜喜得贵子。
Gōngxǐ xǐ dé guìzǐ.

眼睛像母亲，鼻子像父亲，多可爱的孩子。
Yǎnjing xiàng mǔqin, bízi xiàng fùqin, duō kě'ài de háizi.

我祝愿小宝宝健康好养，今天可爱，明天聪明。
Wǒ zhùyuàn xiǎobǎobao jiànkāng hǎoyǎng, jīntiān kě'ài, míngtiān cōngming.

希望你们互相帮助，高高兴兴地享受抚养孩子的美好时光。
Xīwàng nǐmen hùxiāng bāngzhù, gāogāoxìngxìng de xiǎngshòu fǔyǎng háizi de měihǎo shíguāng.

[日本語訳]

男の子ご誕生おめでとうございます。
目はお母さん、鼻はお父さん似のとても可愛い赤ちゃんですね。
すくすくと順調に育ち、この可愛い赤ちゃんがきっと賢くなりますようお祈りしております。お二人で協力して、子育てを楽しんでくださいね。

[語注・解説]

喜得贵子 xǐ dé guìzǐ
「男の子が生まれる」

▶ "喜 xǐ" は「喜んで～」「めでたくも～」。"贵子 guìzǐ" は「男の子」の尊称。また、「女の子」の尊称は "千金 qiānjīn"。子供誕生のお祝いのことばとして、"喜得贵子 [千金] xǐ dé guìzǐ [qiānjīn]" がよく使われる。

小宝宝 xiǎobǎobao
「赤ちゃん」

▶ これは「赤ちゃん」に対する愛称として使われる表現。"小宝贝 xiǎobǎobèi"「赤ちゃん」「おちびちゃん」もほぼ同じ意味。

健康好养 jiànkāng hǎoyǎng
「健康ですくすくと育つ」

13-6 出産のお祝い

> **関連表現**

これからの歳月の中で、この小さな天使はお二人に更に大きな喜びをもたらしてくれるでしょう。

在今后的岁月里这个小天使会给你们带来更大的欢乐。
Zài jīnhòu de suìyuèli zhèige xiǎo tiānshǐ huì gěi nǐmen dàilai gèng dà de huānlè.

子育てはずっと大変な責任を負っています。頑張ってください。

养孩子任重道远，加油吧。
Yǎng háizi rèn zhòng dào yuǎn, jiāyóu ba.

＊ "任重道远 rèn zhòng dào yuǎn" は「任務は重く道は遠い」という意味。

「子を持って知る親の恩」といわれるように、ご両親への感謝の気持ちも思い起こしてください。

俗话说"有子方知父母恩"。请你们重新想起对父母的感恩之情。
Súhuà shuō "yǒu zǐ fāng zhī fùmǔ ēn". Qǐng nǐmen chóngxīn xiǎngqi duì fùmǔ de gǎn'ēn zhī qíng.

いいお父さん、お母さんになってくださいね。

希望你们做一位好爸爸、好妈妈。
Xīwàng nǐmen zuò yí wèi hǎo bàba, hǎo māma.

索 引
INDEX

あ行

ISO 106
挨拶を述べる 116
アイディアを出す 59
会うは別れの始め 41
青は藍より出でて藍よりも青し 46
赤字 36
秋空が天高く空気がすがすがしい 152
あきらめる 82
あっという間に 58, 132
アップロード 66
アルバイト 8, 17
Eメール 38, 41, 66, 68
いうまでもなく 81
移管する 99
行き届いている 70
意見 30, 53, 96
石の上にも三年 150
忙しい 15, 85, 136, 144
至れり尽くせりである 135
一位二位を争う 88
一丸となる 29, 80
一人前になる 17
一目瞭然 50
一生懸命やる 20
いつの日か 44
いらっしゃる 85, 108
祝う 23, 155
インターネット 67, 92, 104
売上 50, 58, 61, 72, 80, 82, 90
売上原価 61
売上高 87, 89
売掛金 62, 82
永久に愛し合う 142
永久に心を一つにする 142
営業 16, 17, 31
営業利益 62
英気を養う 112
エコ 73, 85

縁起のいい 139
円高 62, 91
宴たけなわ 125
円満に 43
遠来の客を迎えて宴をする 111
遠慮なく 76
遠路はるばる 86, 129
お忙しい中 85, 144
老いてますます盛んだ 155
大目に見る 70, 120
(〜の)おかげ 43, 60, 62
お悔やみ申し上げる 146
遅れる 122, 132
お手数をかける 34
お手元 87, 124
お似合いのカップル 142
お開き 116, 125
思い出 41, 135
思う存分 111
おもてなし 114, 136
親孝行 142

か行

買掛金 62
会議 56
会計監査 56
解雇する 21
会社概要 87
開発 74
欠くことができない 40, 143
隔世の感 114
学部 6
かけ足で見て回る 136
駆け出し 144
風が穏やかで日がうららかな 153
家族 9, 23
活気が満ちている 136
活発である 78
活躍する 32

索引

語	ページ
株主総会	57
上半期	56
考えをまとめる	53
環境保護	74, 85, 105
歓迎(する)	110, 114, 123
感激する	19, 108
肝心な	73
関心を持つ	85
歓待	114, 119
感動する	135, 143
乾杯	112, 114–116
頑張る	15, 29, 32, 36, 150, 159
慣例	152
帰国	39, 126
技術交流	95
技術部	16
議事録	66
規制	106
期待(する)	59, 89
貴重な	26, 71, 96
貴重品	104
軌道に乗る	36
帰途につく	122
記念に	108, 128
記念品	127
疑問に答える	49
キャッシュフロー	56, 62
休憩	75
旧交を温める	112
急用が入る	124
業界	17, 73
恐縮(である)	114, 124, 157
業務効率を上げる	64
業務を拡大する	88
協力	29, 35, 36, 43, 93, 113, 115
議論	97
気を緩める	80
金融業界	17
屈指の	88
クラウドコンピューティング	67
グラフ	50
比べる	59, 61
繰り上げる	57, 76
繰り下げる	57
黒字	36
景気	91
経験	16
携帯電話	70, 91
経費	60, 61
経理部	17
経歴	124
決算報告	56
原因を分析する	106
見学する	101
減価償却	56
元気がみなぎっている	145
研究開発	89, 99
健康	44, 86, 115, 143, 158
検査	103
堅調	90
検討する	59, 113
厚意	114
光陰矢の如し	40
光栄	20, 95
合格する	105, 147
貢献する	32, 45, 149
交替勤務	103
後任者	37
購買部	16
好評を得る	85
広報部	16
顧客サポート	29
国内総生産	81
心おきなく語り合う	111
心から	44, 111, 113, 141
心と心が相通じ合う	142
心に残る	156
心のこもった	108, 114

161

項目	ページ
コスト	61, 62, 91
ご馳走になる	120
刻苦奮闘する	150
諺	40, 42, 94
この機会に	27
コピー	87
ご冥福をお祈りする	146
ゴルフ	14, 151
これまで通り	36, 44
子を持って知る親の恩	159
懇親会	70

さ行

項目	ページ
サービス	49
再会	41, 44, 111
歳月人を待たず	117
最後まで頑張る	29
最先端	94
財務諸表	56
財務部	16
採用する	21
削減する	62, 106
ささやかな	128
去りがたい	41
残業する	64
参考	67, 87
残念ながら	124
三本締め	116, 126
GDP	81
司会	67–69, 79, 138
時間厳守	55
時間通り	57
時間の関係で	123, 124
時間の許す限り	71, 111
時間を割く	85
資金繰り表	56
試験	103, 104
自己紹介	19, 124
仕事が順調で、何事も思い通りになる	46
仕事をこなす	38
仕事を見つける	149
視察する	114
支社	22
市場開拓	72, 88
市場シェア	51, 84
市場の伸び	50
自信がある	31
事前申請	65
親しみやすい	136
質疑応答	49, 52, 79
質問	48, 52, 53, 71, 78, 79
指摘する	53
四半期	56
自分自身の目で	136
四方八方に通じる	25, 136
指名する	116
下半期	56
写真	103, 127, 128
自由に	101, 111
就任する	21, 28
従来の	51
主催者	110
出身	4
出席者を紹介する	123
出張する	22
趣味	12
需要	49
順調に	43
省エネ	73, 98, 105
詳細	68
昇進する	22
承諾を得る	65
情報交換	70
ショールーム	101
職務を果たす	43
初心忘れるべからず	148
初対面では見知らぬ同士も二回目からは親しい仲間	94

索　引

資料 49, 51, 76, 87
人件費 62
人材育成 44
人事異動 21, 35
人事部 16, 64
申請する 65
信頼性 106, 107
信頼に背く 144
新郎新婦 139
末永く仲睦まじい 142
優れた学生は優れた教師より出ずる 46
スケジュール 117, 121, 130
スマートフォン 91
スライド 50
成果 80, 94, 136
逝去する 145
成功裏に終える 77, 115
成功を祈る 116
生産ライン 103
盛大な 120, 122
世間知らず 144
〜せざるを得ない 117, 125
積極的である 78
専攻 6, 19
前途洋洋 148
全力を尽くす 20
千里を遠しとしない 129
創業 87
送別会 34
送別の宴を開く 122
双方の 113, 115
卒業する 5, 6, 45
率直に 71
その通りだ 40
ソフトウェア 67
損益 59
損益計算書 56
損益分岐点 56

た行

代休 65
代金回収 62
貸借対照表 56
ダウンロード 66, 101
互いに相親しみ愛し合う 142
多機能製品 50
立ち上げる 35
楽しく過ごす 139
誰にも負けない 32
誕生日 154–157
単身赴任 23
(〜が)堪能だ 37
担当する 16
着任する 21, 24
駐在する 21, 23, 24
注目 30, 73, 82
昼夜兼行で 147
兆 88
通訳 7, 17, 49
次から次へと 82
次に 98
月日は梭の如し 40
謹んで(〜する) 110
提案 30, 96, 116
定年退職 43
定例会 55
できるだけ 65
手配 130
出迎える 129
転勤する 22
天にあっては比翼の鳥となり、地にあっては連
　理の枝とならん 140
天上に極楽あり、地上に蘇州杭州あり 42
転職する 22
天高く馬肥ゆる 152
天の時、地の利、人の和 53
討議する 69, 59
道中お気をつけて 134

163

時は人を待たず ... 117
朋あり遠方より来る、また楽しからずや ... 42
共に白髪になるまで仲良く寄り添う ... 142
取締役 ... 57
とりとめのない話 ... 54
努力を積み重ねる ... 148

な行

長らく待つ ... 122
名残惜しい ... 117
何かご要望がございましたら ... 75
何が何でも ... 22
何事も思い通りに行く ... 44, 46
習うより慣れよ ... 94
慣れる ... 23, 33, 150
何でも揃っている ... 150
ニーズ ... 49
日系企業 ... 31
任務は重く道は遠い ... 159
任命される ... 28
ネット ... 67, 92, 101, 104
ネットワーク ... 67
〜年ぶり ... 136
後ほど ... 58, 97

は行

把握する ... 70
パーセント ... 62
パーティー ... 78, 154
ハードウェア ... 67
ハードスケジュール ... 117, 121
〜倍 ... 62, 63
ハイエンド製品 ... 50
背水の陣 ... 74
配属になる ... 20
拍手 ... 122, 123, 139
励ます ... 143, 144
派遣する ... 38
場所を変える ... 97

発揮する ... 32, 44, 149
はっきりと目に浮かぶ ... 146
発展の余地がある ... 59
バランスシート ... 56
はるかに ... 108
販売 ... 16, 31
販売会議 ... 69
引き継ぐ ... 25
膝を交えて話す ... 70, 118, 120
秘書 ... 17
百聞は一見に如かず ... 41
品質管理 ... 106
〜部 ... 16
ファイル ... 66
フォルダー ... 66
不況 ... 91
不都合 ... 38
不適切な ... 53
不慣れな ... 69
訃報 ... 145
ブュッフェ ... 111
プレゼンテーション ... 48, 52
雰囲気 ... 78
勉学に励む ... 147, 148
報告 ... 56, 61, 64
法務部 ... 16
飽和する ... 89
誇りに感じる ... 17
補足する ... 53
本社 ... 22
本題 ... 51
本場の ... 118, 120

ま行

マーケットシェア ... 60
邁進する ... 148
全くわからない ... 34
マナーモード ... 70
見送る ... 129, 133

索　引

未熟な 144
自ら 101, 107
実り多い 86
メーカー 85
メールアドレス 67
めでたく 141, 158
面倒をかける 34, 131
目標 73, 74, 80
もてなす 114
モニタリング 104

や行

約束がある 133
有意義な 70
有給休暇 65
友好の懸け橋 41
優勝 13, 152
友情を大切にする 94
夢がかなう 20, 27
容赦する 67, 70
要領を得ない 54

喜び 111, 139, 159
喜び溢れる 139
よろしく伝える 97, 134
夜を日に継いで 147

ら行

リアルタイム 99
理解を深める 85, 107
利潤 59
留学 8, 26, 37, 39
良縁 139, 142
レベル 7, 94
連結決算 56
連絡 25, 37, 41, 55, 57, 68
ローエンド製品 50
ローカルスタッフ 38

わ行

わざわざ 86, 131
忘れ物 78, 79
忘れられない 120, 144, 157

中国行政区分地图

KAZAKHSTAN

KYRGYZSTAN

乌鲁木齐
Wūlǔmùqí

新疆维吾尔自治区
Xīnjiāng wéiwú'ěr zìzhìqū

青海省
Qīnghǎishěng

西藏自治区
Xīzàng zìzhìqū

拉萨
Lāsà

NEPAL

BHUTAN

INDIA

BANGLADESH

MYANMAR

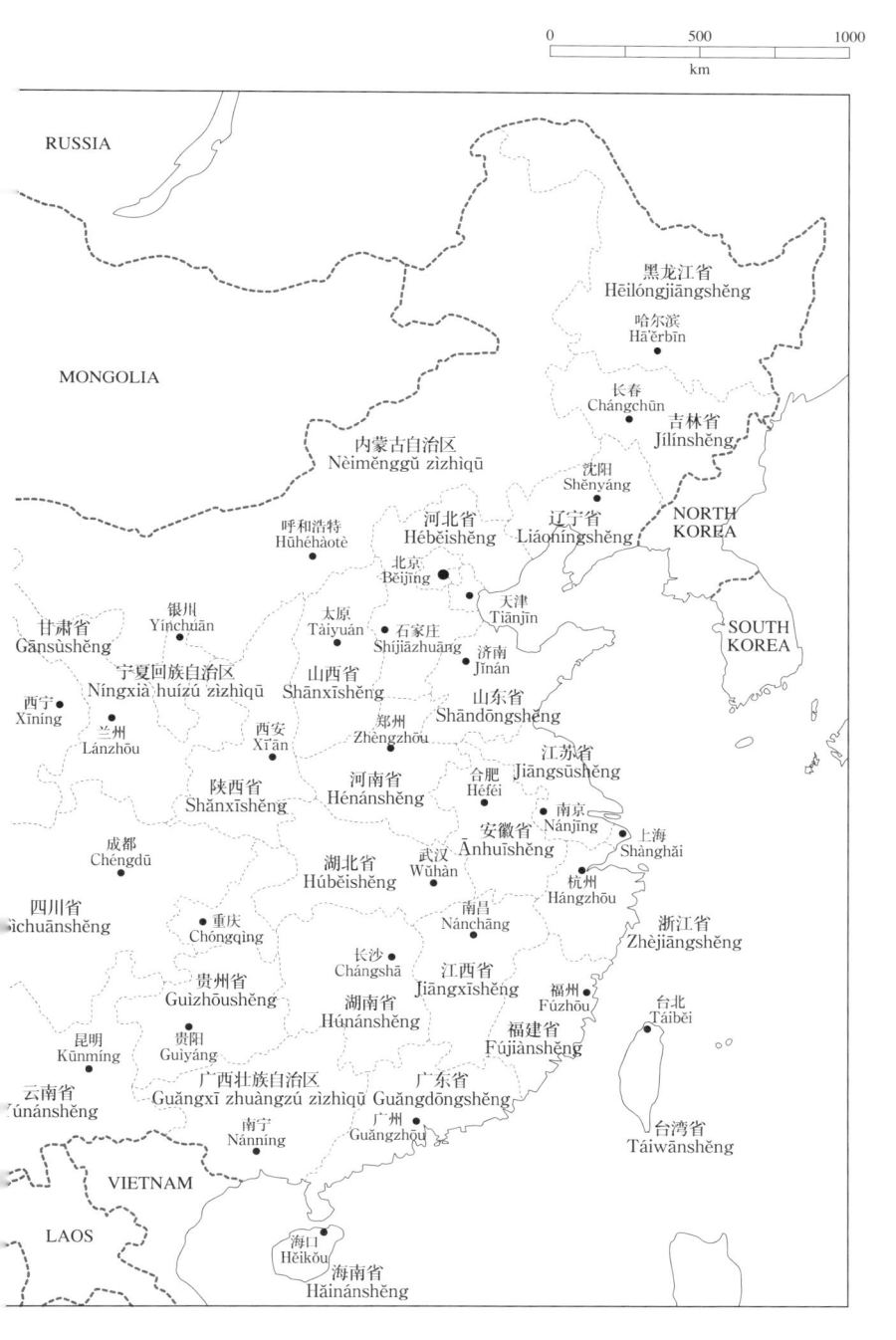

Equidistant conic projection

【著者略歴】

塚本慶一（つかもと　けいいち）

杏林大学外国語学部中国語学科教授。
1947年中国に生まれる。北里大学、早稲田大学を経て東京外国語大学中国語学科卒業。日本英語検定協会委員、NHK中国語講座応用編講師、日本輸出入銀行（現・国際協力銀行）参事役、神田外語大学中国語学科教授ほかを歴任。現在、北京語言大学・北京第二外国語大学・北京外国語大学各客員教授及びサイマル・アカデミー中国語通訳者養成コース主任講師、中日通訳技能検定委員会委員長、日本中国語通訳翻訳研究会代表ほか。
著書は『中国語通訳への道』（大修館書店）、『中国語通訳』（サイマル出版会）、『実戦ビジネス中国語会話』（白水社）、『塚本式中国語仕事術 現場でそのまま使える事例別ビジネス中国語フレーズ集』（アスク）、『中国語新語ビジネス用語辞典』（大修館書店）など。

井上俊治（いのうえ　しゅんじ）

杏林大学外国語学部中国語学科教授。
1954年愛媛県に生まれる。大阪外国語大学（現・大阪大学）中国語学科卒業。
富士通株式会社、富士通（中国）有限公司、富士通（中国）信息系統有限公司、富士通総合質量技術有限公司副総経理等を歴任。中国駐在歴18年。2011年4月より現職。
『大上海圏日企情報PRESS』、『週刊チャイニーズドラゴン』等に中国事情、中国ビジネス事情に関するエッセイを50編以上掲載。

日常・ビジネスに役立つ
中国語の30秒スピーチ

2011年10月1日　初版発行　　2018年6月29日　2刷発行

著者
塚本慶一（つかもと　けいいち）
井上俊治（いのうえ　しゅんじ）
© Keiichi Tsukamoto and Shunji Inoue, 2011

KENKYUSHA
〈検印省略〉

発行者
関戸雅男

発行所
株式会社　研究社
〒102-8152　東京都千代田区富士見 2-11-3
電話　営業(03)3288-7777 (代)　編集(03)3288-7711 (代)
振替　00150-9-26710
http://www.kenkyusha.co.jp/

印刷所
研究社印刷株式会社

装丁・本文デザイン
亀井昌彦

ISBN978-4-327-39422-6　C2087　Printed in Japan